Living in the CITY

Living in the CITY

Urban interiors and portraits

sanoma LANNOO

Throughout the centuries, cities have played a defining role in history. It was hard to do otherwise, because the vast majority of the population lived in urban areas. It was not until the mid-20th century when many people acquired new material wealth and everyone suddenly owned a car for example, that we saw a turning point and people started moving en masse out of the cities so that they could build their own house with a garden. That meant that half a century later an awful lot of rural land is now almost completely built up. Fortunately, along with ecological consciousness, there is a growing awareness that we need to put a stop to building on undeveloped land. We find ourselves at a pivotal point in time and many cities are making great efforts to make urban living more attractive. Therefore, we found this to be a most propitious moment to compile this book. Many of the interiors that appear in our lifestyle magazines are urban dwellings. We have selected twenty, each unique in their own way and with their own story to tell.

Enjoy.

André Lafère

Editor in Chief Feeling Wonen / Gael Maison / Eigen Huis & Interieur

Interiors

Portraits

8

ATD
RICHARD WOODS
BACON
Roy Lichtenstein
VERNER PANTON
IN THE PINK
MORE IS MORE
Martin Parr
PATTERNS
Fashion
HORTA
BAUHAUS
erró
STARCK
GILBERT & GEORGE
CCCP
BEIJING
DIEGO RIVERA
ART NOW
1000 Families
Beatles
art

Feast for the eyes

| MILAN |

EN Mixing and matching is an art and you can't just learn it in a snap of the fingers, but according to Nelcya and Fabrizio Cantoni the secret to it is to dare. "It may go wrong once in a while, but you learn from it. The only thing that counts, is that you feel good in your home. The more you have, the easier it gets", says the duo behind the adventurous Italian carpet brand cc-tapis. Their triplex in Milan is a banquet of shapes and colours and reflects their lifestyle: exuberant and full of optimism. "We are lucky: my wife and I have the same taste. If we can find something beautiful and we can afford it, we buy it. Sometimes we find a spot for an object straight away, sometimes we need to change the layout in order to find the right place for it. Our interior is a mix of objects that we acquired recently or more than 20 years ago. Just like everyone else we started off with hand-me-downs from our parents and then it started to evolve into objects with a specific style."

The couple both studied hospitality management. Their taste is purely intuitive, whether it is applied to furnishing their triplex or designing their carpets. For their interior, they consciously started with a neutral base so that their collection of comics and records, contemporary art and sharp design really stand out. "I think that you should always 'listen" to what your house wants. In our case, that meant that we basically had to do the opposite of a conventional house renovation. This house had definitely been renovated before and all the typical features from the 20th century had been removed. We brought them all back, including the cornices, skirting boards and brass curtain rails, giving it a retro look. We wanted a good balance between old and new, otherwise you get the feeling that you are living in a showroom." The duo describes the final result as classic and inviting. "Journalists have called it a 'merry band', but I find that our interior is very harmonious", says Fabrizio. If there is one leitmotif that runs through the house then it is the hotel atmosphere: the dining room looks like a bistro, the bedroom is very similar to a hotel suite... "We did it subconsciously", adds Fabrizio.

EN
Fabrizio taught himself art and design using his extensive book collection. A whole bunch of precious objects and works of art also found a spot on the bookshelves. The pink chairs are a reproduction of the 1955 model produced by the Italian brand Arflex.

NL
Fabrizio Cantoni leidde zichzelf op in kunst en design dankzij zijn uitgebreide boekencollectie. In de boekenkast vonden ook een heleboel dierbare objecten en werken een plaatsje. De roze fauteuils zijn heruitgaven uit 1955 van het Italiaanse merk Arflex.

FR
Fabrizio Cantoni aime se plonger dans l'art et le design grâce à sa collection de livres élargie. La bibliothèque accueille aussi une foule d'objets et d'œuvres précieuses aux habitants. Les fauteuils roses sont des rééditions d'un modèle édité par Arflex en 1955.

EN
The sitting room looks like a mini museum filled with art and design. On the ground, there is a 'Lost in the Fifties' carpet by cc-tapis, the carpet brand that Nelcya and Fabrizio founded and that is known worldwide for its adventurous designs.

NL
De zithoek lijkt wel een minimuseum vol kunst en design. Op de grond ligt het tapijt 'Lost in the Fifties' van cc-tapis, het tapijtenlabel dat Nelcya en Fabrizio oprichtten en dat wereldwijd bekend staat om zijn avontuurlijke ontwerpen.

FR
Le salon a des airs de musée rempli d'art et de design. Au sol, le tapis 'Lost in the Fifties' est une édition de cc-tapis, le label des propriétaires Nelcya et Fabrizio Cantoni. Un label connu mondialement pour ses créations épiques.

Free
Spirit

EN
The bistro-style dining room, with the same chairs and tables as in the Parisian Café Marly. The wallpaper is a reproduction of the one used in the Beverly Hills Hotel in Los Angeles in 1942. The separating wall in the kitchen means that whoever is in the kitchen can still talk to the guests, while all the mess stays out of sight. The low cupboard with funny legs by Spanish designer Jaime Hayon is one of Fabrizio's favourite pieces.

NL
De eethoek in bistrosfeer, met dezelfde stoelen en tafels als die in het Parijse Café Marly. Het behangpapier is een heruitgave van behang dat voor het Beverly Hills Hotel van Los Angeles in 1942 werd gebruikt. Het muurtje in de keuken zorgt ervoor dat wanneer je aan het fornuis staat, je toch contact hebt met je gasten, terwijl rommel uit het zicht blijft. De lage kast met grappige poten van Spaans designer Jaime Hayon is één van Fabrizio's lievelingsstukken.

FR
La salle à manger a été décorée dans un esprit bistrot avec les mêmes chaises que celles du Café Marly à Paris. Le papier peint est une réédition de motifs dessinés en 1942 pour le Beverly Hills Hotel de Los Angeles. Le muret de la cuisine permet d'être en contact avec les invités lorsqu'on est aux fourneaux, tout en cachant l'éventuel désordre. Le dressoir aux pieds amusants est une des pièces préférées de Fabrizio.

"We buy what we find beautiful, and there are no specific rules to that."

NL Mixen en matchen is een kunst die je niet in een-twee-drie onder de knie hebt, maar volgens Nelcya en Fabrizio Cantoni is het geheim: durven. "Af en toe kan het mislopen, maar daar leer je van. Het enige wat telt, is dat je je goed voelt in je huis. En hoe meer je hebt, hoe makkelijker het wordt", vertelt het duo achter het avontuurlijke Italiaanse tapijtenmerk cc-tapis. Hun triplex in Milaan is een feest van vormen en kleuren, en weerspiegelt hoe ze zelf in het leven staan: uitbundig en vol optimisme. "Wij hebben geluk: mijn vrouw en ik hebben dezelfde smaak. Als wij iets mooi vinden en we het ons kunnen veroorloven, kopen we het. Soms vinden we meteen een plekje voor een object, soms moeten we de hele inrichting veranderen om het een plaats te geven. Ons interieur is een mix van voorwerpen die we onlangs of meer dan twintig jaar geleden op de kop tikten. Net zoals iedereen zijn we begonnen met afdankertjes van onze ouders en van daaruit naar dingen met een specifieke stijl geëvolueerd."

Het koppel heeft allebei een diploma hôtelier; hun smaak is dan ook puur intuïtief, of het nu gaat om het inrichten van hun triplex of het ontwerpen van tapijten. Voor hun interieur zijn ze bewust van een neutrale basis vertrokken, om hun strip- en platencollecties, hedendaagse kunst en snedig design alle aandacht te gunnen. "Ik vind dat je altijd moet 'luisteren' naar waar een huis om vraagt. Bij ons kwam dat neer op het tegenovergestelde doen van wat gangbaar is als je een huis renoveert. Dit huis werd immers al eens vernieuwd en toen werden alle typische kenmerken uit het begin van de 20e eeuw weggehaald. Die hebben wij opnieuw aangebracht, inclusief sierlijsten, plinten en gordijnroeden van messing, omdat dat retro oogt. We wilden een mooi evenwicht tussen oud en nieuw, anders krijg je het gevoel dat je in een showroom woont." Het resultaat wordt door het duo omschreven als klassiek en uitnodigend. "Journalisten hebben het wel eens 'een vrolijke bende' genoemd, maar eigenlijk vind ik ons interieur heel harmonieus ogen", aldus Fabrizio. Zit er al een rode draad in, dan is het de hotelsfeer die er vaak heerst: de eetkamer lijkt op een bistro, de slaapkamer heeft veel weg van een hotelsuite... "Dat is er onbewust ingeslopen," aldus Fabrizio, "maar het zal ongetwijfeld te maken hebben met onze opleiding..."

EN
The basis for the interior is minimalist and classic, with the same light blue walls all over the house.

NL
De basis van de inrichting is sober en klassiek, met overal in huis dezelfde lichtblauw geverfde muren.

FR
La base du décor devait être sobre et classique. Un même bleu ciel traverse toute la maison.

EN
There are two bedrooms on the top floor, each with its own bathroom. OPPOSITE On the landing there is a 'Giudecca' carpet by cc-tapis; the wallpaper is a perfect echo of exuberant characters of Fabrizio and Nelcya.

NL
Op de bovenste verdieping bevinden zich twee slaapkamers met elk een eigen badkamer. HIERNAAST Op de overloop ligt het tapijt 'Giudecca' van cc-tapis; het behangpapier past prima bij het uitbundige karakter van Fabrizio en Nelcya.

FR
A l'étage supérieur, deux chambres avec chacune une salle de bains. CI-CONTRE Dans le couloir, un tapis 'Giudecca' de cc-tapis. Le papier peint correspond tout à fait au caractère joyeux de Fabrizio et Nelcya.

FR L'art du Mix & Match, direz-vous, cela ne s'improvise pas. Mais selon Nelcya et Fabrizio Cantoni, il suffit d'oser ! "De temps à autre, vous ferez une erreur, mais ce sera l'occasion d'apprendre. Après tout, la seule chose qui compte est de se sentir bien chez soi. Et plus vous aurez d'objets, plus ce sera facile." Le triplex du couple fondateur du fascinant label cc-tapis est une véritable fête de formes et de couleurs. A l'image de leur rapport à la vie : chamarré et optimiste. "Nous avons de la chance. Ma femme et moi avons les mêmes goûts. Si quelque chose nous plaît et que nous pouvons nous l'offrir, on se l'achète. Parfois, sa place ne fait aucun doute. Mais il nous est aussi arrivé de devoir tout réaménager pour qu'un objet trouve sa place. Notre intérieur réunit des objets et meubles achetés récemment et d'autres que nous avons acheté pour deux fois rien il y a plus de vingt ans. Comme tout le monde, nous avons commencé avec les restes de nos parents et, de là, nous avons évolué vers un style spécifique."

Nelcya et Fabrizio sont tous deux diplômés en hôtellerie et leurs goûts sont, disent-ils, purement intuitifs. Qu'il s'agisse de décorer un triplex ou de créer un tapis. Pour leur intérieur, ils sont partis d'une base neutre afin que toute l'attention puisse être dirigée vers leurs collections de plantes, de bandes dessinées, d'art contemporain et de design raffiné. "J'estime qu'il faut toujours 'écouter' ce que demande une maison. Il se trouve qu'ici, nous avons fait plus ou moins l'opposé de ce que l'on attend d'une rénovation. Cette maison avait déjà été rénovée plusieurs fois et tous les traits typiques du début du XXe siècle avaient disparu. Nous, nous les avons réintroduits : les moulures, les plinthes, les tringles en laiton... Tout ce qui faisait rétro. Nous voulions établir un équilibre entre l'ancien et le nouveau. Sans cela, nous aurions eu l'impression de vivre dans un showroom." Le couple aime décrire le résultat comme classique et invitant. "Des journalistes ont déjà dit que c'était un 'joyeux désordre', mais je trouve avant tout notre intérieur harmonieux", dit encore Fabrizio. S'il devait trouver un fil rouge, ce serait l'ambiance d'un hôtel. La salle à manger a un petit côté bistrot. La chambre ressemble à une suite... "Cela s'est fait de manière tout à fait inconsciente. Mais oui, notre formation a sans doute à voir là-dedans."

EN
In Nelcya and Fabrizio's cheerful bedroom there is a 'Love' tapestry by Paul Smith for the British The Rug Company.

NL
In de vrolijke slaapkamer van Nelcya en Fabrizio hangt het wandtapijt 'Love' van Brits designer Paul Smith voor het Britse The Rug Company.

FR
Dans la chambre de Nelcya et Fabrizio, tapis mural 'Love' du designer britannique Paul Smith pour ses compatriotes de The Rug Company.

Joséphine Baker
OLYMPE
LA DIVINE COMEDIE
JOANN SFAR

"Milan is a demanding city and in order to command its respect, you have to be better than the rest."

Welcome to…
the **Milan** of **Monica Mascheroni** owner of the Living Inside photo agency

EN **Monica Mascheroni** runs Living Inside, a photo agency that specialises in interior design and lifestyle. Not surprisingly, she does this in Milan, one of Europe's most creative cities, where inspiring interiors are omnipresent. She has lived and worked in Milan for more than thirty years and moved house many times in that period, almost always in the busy, multi-ethnic neighbourhood around Porta Venezia, to the east of the historic centre. Four years ago she bought a penthouse on the seventh floor of a 50s apartment building, behind the Corso Buenos Aires. This is where she now lives in a vintage and ethnically inspired interior together with her son, Pietro, and her dog.

"Milan is a beautiful city, even though it looks rather austere. You have to discover it gradually and that is also very inspiring."

EN **What do you see from your window?**

"Trees and the sky on one side and the Bosco Verticale Towers (two spectacular residential towers with trees by Studio Boeri) and the Torre Unicredit (231 m high making it the tallest tower in Italy) on the other side. The apartment faces east and west so I see the sun rise and set over the rooftops. The light in the apartment is fantastic."

What kind of neighbourhood do you live in?

"I live in a lively neighbourhood; it can be very busy, especially on the Corso Buenos Aires. The side streets are a lot quieter, there are lots of gardens, the Montanelli Park, two cinemas, restaurants of all nationalities, traditional shops and new boutiques. During the week I don't have much time to enjoy it, but at the weekend, when lots of the local Milan residents leave the city, I often go for a walk and have a coffee or I meet up with friends for lunch. My neighbourhood is like a small village, I feel at home here. It is multi-ethnic, but you'll find mostly Italians and some English residents."

Is Milan an inspiring city?

"Milan has the right mix of tradition and innovation, of new cultures and its own philosophy. But it is also hectic, fast and demanding; you always have to prove yourself at work and try to be better than the rest. And it is a beautiful city, even though it looks rather austere at first sight. You have to discover it gradually and that is also very inspiring."

Do you feel Milanese?

"Yes, in the sense that I am never relaxed when I'm working. Relaxing is for the weekend. I only feel alive if I can solve problems, if I can improve myself. Working hard and not complaining – that's the typically Milanese mentality."

The favourite addresses of Monica Mascheroni.

• **Rosalba Fiori** in via Giuseppe Broggi for its fantastic flowers and plants.
• **Stamberga** in via Melzo, an art gallery and concept store by photographer Marco Beretta.
• **Radisa Gallery** in via Morgagni for its vintage accessories.
• **LaPastaVoglio** in via Maiocchi for its fresh pasta.
• **Il Sidro** in via Ozanam for craft beers, Bar Basso in via Plinio because it is a classic, Tàscaro in via Sirtori, a real 'bàcaro' (traditional Venetian wine bar), and La Vinery in via Stradella, because of its beautiful garden.
• **Egalité** in via Melzo or the Pasticceria San Gregorio in via S. Gregorio for breakfast.
• The great fish restaurant **Skuisito** in viale Abruzzi and Mandarin 2 in via Garofalo, the best Chinese restaurant I know.
• **The Pack Gallery** in viale Sabotino for its contemporary art exhibitions.
• **The Boschi Di Stefano Museum-Home** in via Giorgio Jan, for its 20th-century Art Collection.

NL **Monica Mascheroni** runt Living Inside, een fotoagentschap dat gespecialiseerd is in interieur en lifestyle. Niet toevallig in Milaan, een van Europa's meest creatieve steden, waar de inspirerende interieurs voor het rapen liggen. Ze woont en werkt al meer dan dertig jaar in Milaan en verhuisde ettelijke malen, bijna altijd in de drukke, multi-etnische wijk rond de Porta Venezia, ten oosten van het historische centrum. Vier jaar geleden kocht ze een appartement op de zevende en bovenste verdieping van een flatgebouw uit de jaren '50, achter de corso Buenos Aires. Daar woont ze met haar zoon Pietro en haar hond in een vintage en etnisch geïnspireerd interieur.

Wat zie je vanuit je raam?
"Bomen en de hemel aan de ene kant en aan de andere zijde de torens van de Bosco Verticale (nvdr: twee spectaculaire woontorens met bomen, een ontwerp van Boeri) en de Torre Unicredit (nvdr: meet 231 m en is daarmee de hoogste toren van Italië). Het appartement is oost-west georiënteerd, dus ik zie de zon op- en ondergaan over de daken. Het licht in mijn interieur is dan ook fantastisch."

In wat voor buurt woon je?
"Ik woon in een levendige buurt, vooral aan de corso Buenos Aires kan het heel druk zijn. De zijstraten zijn een stuk rustiger, er zijn veel tuinen, het Montanelli park, twee bioscopen, restaurants van alle nationaliteiten, traditionele winkels en nieuwe boetieks. Tijdens de week heb ik niet veel tijd om ervan te genieten, maar in het weekend, als veel Milanezen de stad uit trekken, ga ik vaak wandelen en een koffie drinken of ik spreek af met vrienden voor een lunch. Mijn buurt is dan ook als een klein dorp, ik voel me hier thuis. Ze is multi-etnisch, maar in mijn straat wonen vooral Italianen en wat Engelsen."

Is Milaan een inspirerende stad?
"Milaan bezit de juiste mix van traditie en vernieuwing, van nieuwe culturen en een eigen manier van denken. Maar Milaan is ook hectisch, snel en veeleisend, op je werk moet je jezelf altijd bewijzen en proberen beter te zijn dan de rest. En het is een mooie stad, ook al ziet ze er streng uit op het eerste gezicht. Je moet haar langzamerhand ontdekken en ook dat is heel inspirerend."

Voel je je een Milanese?
"Ja, in de zin dat ik nooit relaxed ben als ik werk. Relaxen is voor het weekend, ik voel me pas leven als ik problemen kan oplossen, mezelf kan verbeteren. Hard werken en niet klagen, dat is de mentaliteit van de Milanezen."

De favoriete adressen van Monica Mascheroni

- **Rosalba Fiori** in via Giuseppe Broggi voor de fantastische bloemen en planten.
- **Stamberga** in via Melzo, een kunstgalerie en conceptstore van fotograaf Marco Beretta.
- **Radisa Gallery** in via Morgagni voor de vintage accessoires.
- **LaPastaVoglio** in via Maioccchi voor de verse pasta
- **Il Sidro** in via Ozanam voor ambachtelijk bier, Bar Basso in via Plinio omdat het een klassieker is, Tàscaro in via Sirtori, een echte bàcaro (traditionele Venetiaanse wijnbar), en La Vinery in via Stradella, vanwege de prachtige tuin.
- **Egalité** in via Melzo of de Pasticceria San Gregorio in via S. Gregorio voor hun ontbijt.
- Het geweldige visrestaurant **Skuisito** in viale Abruzzi en Mandarin 2 in via Garofalo, het beste Chinese restaurant dat ik ken.
- De **Pack Galerie** in viale Sabotino voor zijn tentoonstellingen hedendaagse kunst.
- Het **Boschi Di Stefano Huis-Museum** in via Giorgio Jan, voor hun 20e-eeuwse kunstcollectie.

FR **Monica Mascheroni** dirige Living Inside, une agence photographique spécialisée déco et *lifestyle* basée à Milan. Ce n'est pas un hasard tant la ville, l'une des plus créative d'Europe, regorge d'intérieurs inspirants. Voilà plus de trente ans qu'elle vit et travaille dans la capitale lombarde. Si elle a déménagé plusieurs fois, cela a presque toujours été dans le quartier animé et multiculturel de la Porta Venezia, situé à l'est du centre. Il y a quatre ans, elle acheté un appartement au septième et dernier étage d'un immeuble des années cinquante situé derrière le Corso Buenos Aires. Elle partage cet intérieur à l'esprit vintage et exotique avec son fils Pietro et son chien.

Que voyez-vous depuis votre fenêtre ?
"D'un côté, les arbres et le ciel. De l'autre, les tours du Bosco Verticale (un duo d'immeubles impressionnants couverts d'arbres signé par le Studio Boeri, NDLR) et la Torre Unicredit (la plus haute tour d'Italie avec 231 m, NDLR). L'appartement étant orienté est-ouest, je profite des levers et couchers de soleil par-dessus les toits. La lumière ici est fantastique."

Comment décrivez-vous votre quartier ?
"Il est très vivant, surtout du côté du corso Buenos Aires qui est fort fréquenté. Les rues adjacentes sont plus calmes. Il y a pas mal de jardins, le parc Montanelli, deux cinémas, des restaurants de toutes origines, des boutiques à l'ancienne et des nouvelles. J'ai peu le temps d'en profiter durant la semaine, mais le week-end, quand la ville se vide, j'aime aller me promener, boire un café ou déjeuner avec des amis. Ce quartier est comme un petit village et je m'y sens chez moi. Il est très mélangé, même si mes voisins directs sont avant tout Italiens et Anglais."

Milan est-elle une ville inspirante ?
"Milan, c'est un dosage parfait de tradition et de renouvellement, de nouvelles cultures et d'un mode de pensée très spécifique. Milan est aussi agitée, rapide et exigeante. Professionnellement, chacun doit sans cesse faire ses preuves et tenter d'être le meilleur. Même si elle a l'air un peu stricte au premier regard, c'est également une très belle ville. Il faut prendre le temps de la découvrir. Cela aussi, c'est très inspirant."

Vous vous sentez Milanaise ?
"Oui, dans le sens où, tant quand je travaille, je ne me pose jamais une seconde. La détente, c'est pour le week-end ! Je ne me sens vivante que lorsque j'ai des problèmes à résoudre et l'occasion de m'améliorer. Bosser dur, ne pas se plaindre… c'est ça la mentalité milanaise."

Les adresses de Monica Mascheroniti dans son quartier

- **Rosalba Fiori**, via Giuseppe Broggi, pour ses plantes et fleurs fantastiques.
- **Stamberga**, via Melzo, le concept store/galerie d'art du photographe Marco Beretta.
- **Radisa Gallery**, via Morgagni, pour ses accessoires vintage.
- **LaPastaVoglio**, via Maiocchi, pour ses pâtes fraîches.
- **Il Sidro**, via Ozanam pour sa bière artisanale ; le Bar Basso, via Plinio, parce que c'est un classique ; le Tàscaro, via Sirtori, un authentique bàcaro (les bars à vins traditionnels vénitiens) ; et La Vinery, via Stradella, pour son jardin magnifique.
- **Egalité**, via Melzo, ou la Pasticceria San Gregorio, via S. Gregorio, pour leur petit-déjeuner.
- Le fabuleux restaurant de poisson **Skuisito**, viale Abruzzi, et Mandarin 2,via Garofalo, le meilleur restaurant chinois que je connaisse.
- La **Pack Galerie**, viale Sabotino, pour ses expos d'art contemporain.
- La **maison musée Boschi Di Stefano**, via Giorgio Jan, pour leur collection d'art du XXe siècle.

Pure colour

EINDHOVEN

EN Are you staying or leaving Eindhoven after the Design Academy? Daniera ter Haar and Christoph Brach are staying for the cross fertilisation opportunities. The founders of the design studio Raw Color live just above their studio in an apartment filled with pieces made by their designer friends. "I still find it wonderful that when we went to a party that we organised for our students, we happened to come across a brochure of the firm of architects Eek en Dekkers. That evening, we ate at a Piet Hein Eek restaurant on the repurposed Philips site, where this former pumping station also stood. At the time, it was nothing more than a desolate, dark and empty hall but it still appealed immediately to our imagination, especially since the building was to be split up into ten living and work units", explains Christoph. What also appealed to us was the idea that the future residents could be involved in the design process. "We divided our unit into a light design studio with a loft-style apartment and roof terrace upstairs. We had no idea whether we would like this combination or not, but we now have a family and see nothing but advantages. How lovely is it when your three-year-old son can show up at your workplace to do his own craft work?".

Christoph and Daniera are minimalists in the modern sense of the word. They let go of unnecessary things and surround themselves with carefully chosen household goods which they have a personal bond with. Items that made it through the strict selection procedure: vintage furniture that moves with them from place to place, pieces that remind them of travels and a remarkable number of contemporary designs pieces by fellow students, workshop leaders and employers. They surround themselves with a lot of pink, but also greyish greens, slate blue and purple. "It was not a predetermined plan; it is simply a collage of the colours we are intuitively drawn to. Dividing and organising our house was the first time that they had used Raw Colour colours on this scale. Christoph only sees advantages to this: "We have noticed that we are starting to think more spatially in our work."

EN
Daniera ter Haar and Christoph Brach (alias Raw Color) have a sun-drenched studio on the ground floor of their unit.

NL
Op de begane grond van hun unti ligt de zonovergoten studio van Daniera ter Haar en Christoph Brach alias Raw Color.

FR
Daniera ter Haar et Christoph Brach, alias Raw Color, travaillent ici, au rez-de-chaussée de leur logement.

EN
On the light living floor, industrial heritage goes hand in hand with modern design and vintage. Under the original roof construction, there are eye-catching features by designer friends, such as the kitchen by Studio Mieke Meijer.

NL
Op de lichte woonetage gaat industrieel erfgoed hand in hand met hedendaags design en vintage. Onder de originele dakconstructie staan blikvangers van bevriende ontwerpers, zoals de keuken van Studio Mieke Meijer.

FR
A l'étage de vie, lumineux, patrimoine industriel et design contemporain se marient à merveille. Sous la toiture d'origine, des créations très visuelles signées par des amis, telle cette cuisine conçue par le Studio Mieke Meijer.

"A lot of the furniture and objects here are the result of wonderful collaborations thanks to exchanges with friends."

NL Blijf of verlaat je Eindhoven na de Design Academy? Daniera ter Haar en Christoph Brach besloten te blijven voor de kruisbestuiving. De oprichters van designstudio Raw Color wonen pal boven hun studio in een appartement gevuld met werk van al hun vrienden-ontwerpers. "Ik blijf het mooi vinden dat we uitgerekend op een feestavond die we voor een stagiaire organiseerden, een brochure van architectenbureau Eek en Dekkers vonden. We aten die avond in het restaurant van Piet Hein Eek op het herbestemde Philips-terrein waar dit voormalige pompgebouw ook staat. Op dat moment was het niet meer dan een desolate, duistere hal. Toch sprak het direct tot onze verbeelding, zeker omdat het gebouw opgedeeld zou worden in tien woon- en werkunits", aldus Christoph. Wat ook aansprak, was het feit dat de ideeën van de toekomstige bewoners zouden worden meegenomen in het ontwerpproces. "We deelden onze unit op in een lichte ontwerpstudio met daarboven een loftachtig appartement met dakterras. We hadden geen idee hoe deze combinatie ons zou bevallen, maar inmiddels hebben we een gezin en zien we alleen nog maar de voordelen. Hoe leuk is het wanneer je driejarige zoon even op het werk komt aanwaaien om zijn eigen knutsel te maken?"

Christoph en Daniera zijn minimalisten in de moderne zin van het woord. Dus bedanken ze voor overbodige hebbedingen en omringen ze zich met zorg gekozen huisraad waar ze een persoonlijke band mee hebben. Door de strenge selectie kwamen: vintage meubelen die ze steeds meeverhuizen, stukken die herinneren aan reizen en opvallend veel hedendaags design van studiegenoten, stagebegeleiders en werkgevers. Ze omringen zich met veel roze, maar ook vergrijsd groen, leisteenblauw en violet. "Dat is geen vooropgezet plan, het is simpelweg een collage van de kleuren waar we intuïtief naar grijpen." Het indelen en inrichten van ons huis was de eerste keer dat ze op deze schaal hun Raw Color-kleuren toepasten. Christoph vindt dat alleen maar positief: "We merken dat we in ons werk steeds ruimtelijker beginnen te denken."

EN
The '540' sofa by the Dutch designer Gijs van der Sluis moves with the couple each time as well. Christoph did a workshop with Jasper Morrison, the designer of the cork side table, which he traded with the designer in exchange for his final project.

NL
De bank '540' van Nederlands ontwerper Gijs van der Sluis verhuist telkens mee. Christoph liep stage bij Jasper Morrison, de ontwerper van de kurken bijzettafel die hij met de bekende ontwerper ruilde voor een afstudeerwerk.

FR
Le canapé '540' du designer néerlandais Gijs van der Sluis a déménagé plus d'une fois avec le couple. Christoph a effectué un stage chez Jasper Morrison, auteur de ce tabouret en liège que Christoph a échangé contre son travail de fin d'études.

EN
The outside walls of the former pumping station. OPPOSITE In order to separate their private life from their work life, their designer friends from Snodevormgevers designed glass walls around the staircase. They made the pink curtains themselves.

NL
De buitengevels van het voormalig pompgebouw. HIERNAAST Om privé en werk van elkaar te scheiden, ontwierpen de bevriende designers van Snodevormgevers glazen wanden rondom het trappenhuis. De roze gordijnen zijn eigen werk.

FR
Vue de l'extérieur de ces anciennes pompes industrielles. CI-CONTRE Les parois vitrées autour de la cage d'escalier, conçues par leurs amis de Snodevormgevers, séparent bien parties professionnelle et privée. Les rideaux roses sont une création de Raw Color.

EN
The bathroom with marble shower. OPPOSITE In the bedroom, the pink, slate blue and purple colour palette continues.

NL
De badkamer met marmeren douchewand. HIERNAAST In de slaapkamer wordt het kleurenpalet van roze, leisteenblauw en violet voortgezet.

FR
La salle de bains avec ses parois de marbre. CI-CONTRE La palette rose, bleu ardoise et violet se prolonge jusque dans la chambre.

FR Une fois diplômé de la Design Academy, faut-il ou pas rester à Eindhoven ? Daniera ter Haar en Christoph Brach ont choisi de rester pour l'émulation qui y règne. Les fondateurs du studio de design Raw Color vivent juste au-dessus de leurs bureaux, dans un appartement où l'on croise pas mal de créations de leurs amis designers. "C'est lors d'une fête que nous avions organisé pour une stagiaire que nous sommes tombés sur une brochure du bureau d'architecture Eek & Dekkers. Nous mangions justement au restaurant de Piet Hein Eek, qui se trouve sur le même ancien site industriel de Philips. Mais la partie où nous vivons désormais, les anciennes pompes, n'était alors qu'un vieux hall, sombre et désolé. Néanmoins, le projet nous parlait car il s'agissait de diviser le bâtiment en dix unités d'habitat et de travail", explique Christoph. "Nous aimions également l'idée que les futurs habitants seraient impliqués dans le processus de création. Nous avons ainsi aménagé un grand studio lumineux au rez-de-chaussée, surplombé d'un appartement à l'esprit loft et d'une terrasse de toit. Nous n'étions pas sûrs que cette configuration était faite pour nous. Mais depuis, nous avons fondé une famille et nous n'y voyons plus que des avantages. C'est quand même gai, non, de voir votre fils de trois ans venir vous rendre visite au travail pour se bricoler un doudou ?"

Christoph et Daniera sont des minimalistes modernes. Ils se sont débarrassés du superflu pour ne plus s'entourer que d'objets choisis avec soin avec lesquels ils ont tissé un lien. Ont ainsi passé les tests de sélection, les meubles vintage qui les suivent depuis toujours, quelques souvenirs de voyage et une ribambelle d'objets créés par des amis avec qui ils ont étudié, par des maîtres de stage réputés ou par d'anciens employeurs. Chez eux, beaucoup de rose, mais aussi des verts grisés, du bleu ardoise, du violet. "Il n'y a jamais eu de plan préétabli. C'est simplement un collage des couleurs vers lesquelles nous revenons toujours instinctivement." Avant d'aménager leur maison, le duo n'avait jamais appliqué les couleurs typiques de Raw Color dans un si vaste espace. Christoph n'y voit que du positif : "Nous avons vu combien nous abordons désormais les choses tout d'abord de manière spatiale."

A tribute

| BERLIN |

EN How passionate can you be about design? "Infinitely!", says Emmanuel de Bayser, the co-founder of the concept store The Corner Berlin. His apartment in the lively area of Mitte, the centre of former East Berlin, pays homage to the - mostly French - designers from the 50s. "Their designs are now timeless and go perfectly with the architecture from other style periods", says Bayser, who himself lives in an impressive 20th century building. His collection of furniture, accessories and collectors' items - the result of more than 20 years of collecting - fills the stately apartment from the hallway to the bedroom. Although he keeps on looking for new objects by his favourite designers, given the lack of space, he now focuses mainly on accessories like the colourful ceramics by Georges Jouve.

To give his collection the attention it deserves, the refurbishment of his apartment concentrated mainly on giving the furniture by Jean Royère, Charlotte Perriand and Jean Prouvé (to name just a few) pride of place. Most of the walls are white; he has retained the original wooden floors as well as the built-in cupboards. The layout of the 160 m² apartment remains unchanged. The room to the right of the entrance is now a library. The large collection of 500 books in the built-in bookcases is devoted to Emmanuel's great passions: design and art, as well as photography and film. The Prouvé and Perriand furniture all give you a foretaste of what you will find in the other rooms. Starting with the sumptuous sitting room and dining rooms, where white and wood set the tone. Among the impressive collection of furniture two bronze and stone sheep by the artist François-Xavier Lalanne stand out: Emmanuel loves surprises. In the dining room, the beautiful, sculptural lamp by Serge Mouille is a real eyecatcher. Behind it, there is a kitchen that underwent some minor refurbishments. The spacious bedroom breaks from the neutral colour palette of the living room. The wooden wall panels act as a backdrop for a green chair by Pierre Jeanneret, a blue-yellow-red lamp by Gino Sarfatti and brightly coloured vases by Georges Jouve. "In my opinion, the ceramic pieces really bring the furniture to life", says Emmanuel. Another reason to keep collecting...

EN
Collector Emmanuel de Bayser lives in Mitte, in an impressive building that dates back to the early 20th century. The shapes of the wrought iron railings echo the style of the small table by Angelo Mangiarotti and the work of art by Zach Rein.

NL
Verzamelaar Emmanuel de Bayser woont in Mitte, in een imposant gebouw uit het begin van de 20e eeuw. De vormen van de smeedijzeren balustrade lijken terug te keren in het tafeltje van Angelo Mangiarotti en het kunstwerk van Zach Rein.

FR
Le collectionneur Emmanuel de Bayser habite un imposant immeuble du début du XXe siècle au cœur du quartier de Mitte. Les dessins de la balustrade en acier semblent trouver écho dans la table d'Angelo Mangiarotti et l'œuvre de Zach Rein.

EN
An ode to French design from the 40s, 50s and 60s: 'Ours Polaire' white sofa and armchairs and a grey sofa by Jean Royère, 'Antony' chair by Jean Prouvé, stools by Charlotte Perriand.

NL
Ode aan het Frans design van de jaren '40, '50 en '60: witte bank en fauteuils 'Ours Polaire' en grijs zeteltje van Jean Royère, 'Antony' stoel van Jean Prouvé, krukjes van Charlotte Perriand.

FR
Ode au design français des années quarante, cinquante et soixante : canapé blanc et fauteuils 'Ours Polaire' de Jean Royère, tout comme le fauteuil gris, chaise 'Antony' de Jean Prouvé, tabourets de Charlotte Perriand.

EN
The sculptural lamp by French designer Serge Mouille steals the show in the dining room. To the right, there are two bronze and stone sheep by the artist François-Xavier Lalanne.

NL
De sculpturale lamp van Frans ontwerper Serge Mouille steelt de show in de eethoek. Rechts twee schapen van brons en steen van kunstenaar François-Xavier Lalanne.

FR
Un luminaire sculptural de Serge Mouille domine la salle à manger. A droite, deux moutons de bronze et de pierre de l'artiste François-Xavier Lalanne.

Most of the walls are white in order to show Emmanuel's collection of furniture and accessories to best advantage.

EN
Above the cupboard by Charlotte Perriand there is a painting by Jean Arp. Colourful ceramic pieces by Georges Jouve, wooden vase and bowl by Alexandre Noll and sun mirrors by Line Vautrin.

NL
Boven de kast van Charlotte Perriand hangt een werk van Jean Arp. Gekleurd keramiek van Georges Jouve, houten vaas en schaal van Alexandre Noll en zonnespiegels van Line Vautrin.

FR
Une œuvre de Jean Arp trône au-dessus d'un meuble bas de Charlotte Perriand. Céramique colorée de Georges Jouve, plat et vase en bois d'Alexandre Noll, miroirs de Line Vautrin.

NL Hoe gepassioneerd kan je zijn door design? "Eindeloos!", zegt Emmanuel de Bayser, de mede-oprichter van conceptstore The Corner Berlin. Zijn appartement in het levendige Mitte, het centrum van het voormalige Oost-Berlijn, is een hommage aan de - voornamelijk Franse - designers uit de jaren '50. "Hun ontwerpen zijn nu eenmaal tijdloos en passen ook goed bij architectuur uit andere stijlperiodes", zegt de Bayser, die zelf in een imposant gebouw uit het begin van de 20e eeuw woont. Zijn collectie meubels, accessoires en verzamelstukken is het resultaat van meer dan twintig jaar lang verzamelen en vult het statige appartement van hal tot slaapkamer. En hoewel hij nog altijd op zoek gaat naar nieuwe stukken van zijn geliefkoosde ontwerpers, focust hij zich nu, wegens plaatsgebrek, voornamelijk op accessoires, zoals de kleurige keramiek van Georges Jouve.

Om zijn verzameling de aandacht te geven die het verdient, was de renovatie van zijn appartement er vooral op gericht om de meubels van Jean Royère, Charlotte Perriand en Jean Prouvé, om er maar enkelen te noemen, te laten schitteren. De meeste muren zijn dan ook wit, de oorspronkelijke houten vloeren bleven behouden, net zoals de inbouwkasten. Ook aan de indeling van het 160 m² groot appartement werd niet geraakt. De ruimte links van de ingang doet nu dienst als bibliotheek. De ruim 500 boeken in de ingebouwde kast zijn allemaal aan Emmanuels grote passie gewijd: design en kunst, maar ook fotografie en film. De meubels van Prouvé en Perriand geven al een voorsmaak van wat je in de overige ruimtes vindt. Te beginnen bij de somptueuze zit- en eetkamer, waar wit en hout de boventoon voeren. Tussen de indrukwekkende verzameling meubels duiken ook twee schapen van brons en steen op van kunstenaar François-Xavier Lalanne: Emmanuel houdt van verrassingen. In de eethoek trekt de prachtige, sculpturale lamp van Serge Mouille alle aandacht; erachter ligt de keuken die een lichte update kreeg. De ruime slaapkamer breekt met het neutrale kleurenpalet van de leefruimte. De houten muurpanelen vormen de achtergrond voor een groene stoel van Pierre Jeanneret, een blauw-geel-rode lamp van Gino Sarfatti en felgekleurde vazen van Georges Jouve. "Voor mij helpt keramiek meubels tot leven te brengen", zegt Emmanuel. Nog een reden om te blijven verzamelen...

EN
Emmanuel designed the bookshelves in his library himself. Next to the table and chair with green metal legs by Jean Prouvé there is a chair by Charlotte Perriand behind which is his reading chair, the 40s 'Clam' armchair by Danish designer Philip Arctander.

NL
Emmanuel ontwierp de boekenkast in zijn bibliotheek zelf. Naast de tafel en stoel met groene metalen poten van Jean Prouvé staat een stoel van Charlotte Perriand. Achteraan in het vertrek staat zijn leeszetel, de 'Clam' fauteuil uit de jaren '40 van de Deense ontwerper Philip Arctander.

FR
Emmanuel a conçu lui-même cette bibliothèque. A côté de la table et la chaise aux piètements métalliques verts de Jean Prouvé, une chaise en bois de Charlotte Perriand. Fauteuil 'Clam', une création des années quarante du Danois Philip Arctander.

LALANNE
Dressing in the Dark
HOUSES
FEDERICO FELLINI
ASPEN
HAMPTONS
VACANCES ROYALES
DES HOTELS & DES ILES
LES ANNÉES FITZGERALD
Jean Royère
DAVID BOWIE IS INSIDE
LE CORBUSIER
PIERRE JEANNERET
The
Photographs of
Ron Galella

EN
The bedroom is decorated with wooden wall panels which really make the ceramic works by Georges Jouve stand out. Table and chair by Jean Prouvé. OPPOSITE The kitchen is behind the dining room and underwent slight refurbishment during the renovations.

NL
De slaapkamer is bekleed met houten wandpanelen waartegen de keramiek van Georges Jouve prachtig uitkomt. Tafel en stoel van Jean Prouvé. HIERNAAST De keuken ligt achter de eetkamer en kreeg een lichte update tijdens de verbouwingen.

FR
La chambre est parée de panneaux de bois mettant notamment en valeur les céramiques de Georges Jouve. Table et chaise de Jean Prouvé. CI-CONTRE La cuisine, située à côté de la salle à manger, a été mise à jour pendant les travaux.

EN
The impressive staircase. Emmanuel's concept store is located on the ground floor of the same building. The bathroom with the 'Antony' chair by Jean Prouvé. OPPOSITE The other corner of the bedroom. Sofa and green chair by Pierre Jeanneret, white ceramic pieces by Georges Jouve and Pol Chambost.

NL
Het indrukwekkend trappenhuis. Emmanuels conceptstore bevindt zich op de benedenverdieping van hetzelfde gebouw. De badkamer met stoel 'Antony' van Jean Prouvé. HIERNAAST De andere hoek van de slaapkamer. Bank en groene stoel van Pierre Jeanneret, witte keramiek van Georges Jouve en Pol Chambost.

FR
L'impressionnante cage d'escalier. Le concept store d'Emmanuel est situé au pied de l'immeuble. La salle de bains avec une chaise 'Antony' de Jean Prouvé. CI-CONTRE Dans la chambre, un banc et une chaise verte Pierre Jeanneret, céramiques blanches de Georges Jouve et Pol Chambost.

FR A quel point le design vous passionne-t-il ? "Infiniment", répond Emmanuel de Bayser, cofondateur du concept store The Corner à Berlin. Situé en plein quartier de Mitte, le très animé ancien centre de Berlin Est, son appartement est un hommage aux designers des années cinquante, principalement français. "Leurs pièces sont devenues intemporelles : elles se marient très bien à différentes périodes architecturales", précise de Bayser, qui habite lui-même un majestueux immeuble de l'aube du XXe siècle. Fruit d'une vingtaine d'années de glanage, sa collection de meubles, accessoires et autres objets d'exception a envahi l'appartement jusque dans la chambre. S'il est toujours attentif aux pièces de ses créateurs préférés qui pourraient croiser son chemin, le manque de place fait qu'il se concentre désormais avant tout sur les petites pièces, telles les céramiques colorées de Georges Jouve.

La rénovation de cet appartement de 160 m^2 a été entièrement pensée pour mettre en valeur les meubles de Jean Royère, Charlotte Perriand ou Jean Prouvé et leur accorder l'attention qu'ils méritent. La plupart des murs sont blancs, les planchers d'origine ont été conservés, tout comme les placards. La disposition des pièces non plus n'a pas changé. Commençons la visite par la bibliothèque, à gauche de l'entrée, dont les rayonnages accueillent 500 ouvrages dédiés aux grandes passions d'Emmanuel : le design, l'art, la photographie... Les meubles de Prouvé et Perriand donnent un avant-goût de ce qui vient ensuite. Le somptueux salon abrite une impressionnante série de meubles, d'où émergent deux moutons de bronze et de pierre de François-Xavier Lalanne : Emmanuel aime les surprises. Dans le coin salle à manger, c'est un luminaire sculptural de Serge Mouille qui attire toute l'attention. Derrière cela, la cuisine qui a été remise à jour. Dans la vaste chambre à coucher, c'en est fini des couleurs neutres du séjour. Les panneaux muraux en bois forment un cadre idéal pour une chaise verte de Pierre Jeanneret, une lampe bleu-jaune-rouge de Gino Sarfatti et les vases éclatants de Georges Jouve. "La céramique donne vie au mobilier", affirme-t-il. Une bonne raison pour continuer à les collectionner.

DEALER'S CHOICE
JACQUES GRANGE

Rough diamond

BRUSSELS

EN When Nicolas and Lena caught wind of a cohousing project in a new building with a courtyard in Brussels, the apartment did not yet exist. "The floor hadn't even been built", says Lena. "So, we had to use our imagination. But the project really appealed to us." The apartment was sold as a hull: a fairly closed volume with problematic orientation which meant that the only light on the street side comes in during the morning and most of the other windows are round the back, on the north side. "When the architects of Madam Architectuur saw the plans for the project development, they came with a counter-proposal", says Lena. "By putting a big living room overlooking the street and the bedroom at the back, the two light sources would be cut off from each other." She reasoned that the apartment would be much more pleasant if the living room could be lit up from both of the light sources. That's how the idea came about to move one bedroom and the living room to the street side and move the kitchen, master bedroom and bathroom to the back. Living room and kitchen have a very different look, but are connected by the light.

The real eyecatcher in this apartment is the diamond-shaped island in the kitchen. This piece of furniture is essential as it gives the room structure, so that the rest of the interior doesn't have to be so perfect. Which is why entirely finished features alternate with raw materials. The white floor - which was necessary to ensure optimal reflection of light - creates a beautiful contrast with the concrete ceilings. The walk-in wardrobe in the master bedroom is made from simple varnished MDF panels and is combined with a parquet floor. The various materials give each room its own atmosphere. It has been three years since Lena and Nico moved here with their daughter. The housing project is now completely finished. The owners are very happy with their new place: "When the weather is good, you can find around 20 children playing in the garden!

EN
Thesculptural island in the kitchen of this apartment is extremely eye-catching

NL
Dit sculpturale keukeneiland vormt de blikvanger van dit appartement.

FR
Cet îlot de cuisine sculptural aux airs de diamant attire tous les regards.

EN
The diamond-shaped island made of wood and Carrara marble has a mirror effect. The white wall across from it conceals all technical functions.

NL
Het diamantvorig kookeiland van hout en carraramarmer heeft één spiegelende zijde. De witte wand ertegenover bevat alle technische functies.

FR
L'ilot en forme de diamant alterne bois, marbre et surface miroitante. Le mur d'armoires blanc abrite toute la technique de l'appartement.

EN
Behind the glass kitchen doors is the living room; the two different floors give each room a totally different atmosphere. The visible pipes on the ceiling highlight the industrial character.

NL
Achter de glazen keukendeur ligt de woonkamer; de twee verschillende vloeren geven aan dat beide ruimtes een heel andere sfeer uitstralen. De zichtbare buizen aan het plafond versterken het industriële karakter.

FR
Le salon se déploie derrière deux portes vitrées. La différence de revêtement de sol confère deux ambiances différentes aux deux espaces. Les buses visibles renforcent le caractère industriel.

NL Toen Nicolas en Lena iets opvingen over een cohousingproject in een gebouw met binnentuin in Brussel, bestond het appartement nog niet. "De verdieping was zelfs nog niet gebouwd", aldus Lena. "Dus moesten we onze fantasie gebruiken. Maar het project sprak ons heel erg aan." Het appartement werd casco verkocht: een vrij gesloten volume met een problematische oriëntatie die ervoor zorgde dat aan de straatkant enkel 's morgens daglicht binnenkwam, terwijl de meeste ramen achteraan zitten, aan de noordkant. "Toen onze architecten van Madam Architectuur de plannen van de projectontwikkelaar zagen, kwamen ze met een tegenvoorstel", aldus Lena. "Door aan de straatkant een grote leefruimte te voorzien en achteraan de slaapkamers, zouden de twee lichtbronnen immers van elkaar afgesneden worden." Ze redeneerden dat het appartement veel aangenamer zou worden als de leefruimte van twee lichtbronnen kon profiteren. En zo ontstond het idee om één slaapkamer en de woonkamer naar de straatkant te verhuizen en de keuken, de masterbedroom en de badkamer naar achter. De woonkamer en de keuken hebben een heel verschillende uitstraling, maar worden verbonden door het licht.

Dé blikvanger van het appartement is het diamantvormige keukeneiland. Het meubel is onmisbaar om de ruimte structuur te geven, waardoor de rest van het interieur niet meer zo perfect hoeft te zijn. Daarom wordt er afgewisseld tussen netjes afgewerkte en ruwe materialen. De witte gietvloer - die nodig was om het licht optimaal te reflecteren - vormt een mooi contrast met de betonnen plafonds. De dressing in de masterbedroom is gemaakt van eenvoudige geverniste mdf-panelen en wordt gecombineerd met een parketvloer. Die verschillende materialen zorgen ervoor dat er in elke ruimte een andere sfeer ontstaat. Het is intussen drie jaar geleden dat Lena en Nico hier samen met hun dochter kwamen wonen. Intussen is ook het cohousingproject helemaal afgewerkt. De eigenaars zijn heel tevreden met hun nieuwe plek: "Bij mooi weer lopen er soms wel twintig kinderen in de tuin te spelen!"

EN
The diagonally laid wooden flooring in the living room runs parallel to the kitchen wall. In good weather, the custom-made sofa under the window is bathed in morning sunlight.

NL
De schuine planken in de woonkamer lopen parallel met de keukenmuur. Op mooie dagen baadt de op maat gemaakte bank onder het raam in het zonlicht 's ochtends.

FR
Le plancher oblique suit le même angle que le mur de la cuisine. Le soleil matinal baigne de lumière la banquette conçue sur mesure.

EN
In the compact master bedroom, the walk-in wardrobe with sliding doors made out of varnished MDF panels saves space.

NL
In de compacte masterbedroom zorgt de dressing met schuifdeuren van geverniste mdf-panelen voor plaatswinst.

FR
La chambre parentale est compacte. Pour gagner de la place, les portes du dressing en MDF vernis sont coulissantes.

"When the weather is good, you can find around 20 children playing in the garden!"

FR Cet appartement n'existait pas quand Lena et Nicolas ont entendu parler de ce projet d'habitat groupé avec jardin partagé à Bruxelles. "Notre étage n'avait pas encore été construit", se souvient Lena. "Il fallait donc user d'une bonne dose d'imagination pour se faire une idée précise... Néanmoins, ce projet nous parlait." L'appartement était vendu casco et se présentait comme un volume assez fermé avec une orientation compliquée. Le soleil n'entrait que le matin et cela côté rue, tandis que les autres fenêtres, à l'arrière, étaient orientées nord. "Nous sommes allés montrer les plans du promoteur aux architectes du bureau Madam Architectuur et elles ont directement imaginé une contre-proposition. Si nous avions créé, comme c'était prévu, un grand séjour côté rue, avec les chambres à l'arrière, les deux sources lumineuses auraient été définitivement séparées." Les architectes arguaient que l'appartement serait bien plus agréable si le séjour pouvait profiter de cette double source de lumière. Ainsi ont-elles suggéré de déménager l'une des chambres côté rue, à côté du salon, et de faire glisser la cuisine vers l'arrière, à côté de la chambre principale et de la salle de bains. Salon et cuisine offrent deux caractères très différents, mais la lumière les relie.

La star de l'appartement est l'îlot de cuisine en forme de diamant. Structurant l'espace de par sa place de choix, cet objet parfaitement exécuté autorisait en outre de ne pas pousser aussi loin toutes les autres finitions. L'appartement alterne ainsi matériaux léchés et matériaux plus bruts. Le sol coulé blanc – bien utile pour réfléchir la lumière à travers tout l'espace – dessine un beau contraste avec les plafonds en béton. Le dressing de la chambre parentale est fait de simples panneaux MDF peints, contrastant avec le parquet en bois massif. La variété des matériaux offre à chaque pièce son atmosphère particulière. Lena et Nico vivent à présent ici depuis trois ans avec leur petite fille. Le chantier de l'habitat groupé est terminé et le projet s'est mis en place. Le couple est on ne peut plus content de son choix. "Quand il fait beau, il y a parfois une vingtaine d'enfants qui jouent dans le jardin."

EN
The same goes for the bathroom, every square meter is used as efficiently as possible.

NL
Ook in de badkamer wordt elke vierkante centimeter zo efficiënt mogelijk ingevuld.

FR
Dans la salle de bains aussi chaque centimètre carré a été utilisé au mieux.

Warm concrete

MEXICO CITY

EN "Our house is an open house. Our family live and work here, but so do colleagues, friends and family." So say Carla Fernández, the Mexican fashion designer, and her husband, the artist-architect Pedro Reyes, who live in a striking concrete building in Mexico City. It was built in the 80s and is full of references to the brutalist architecture that is imposing from the outside but is welcoming on the inside. Starting with an extraordinary living room, where handmade furniture, traditional fabrics and touches of colour here and there, create an inviting atmosphere. Their house is located in Coyoacán, the artist neighbourhood in the south of Mexico City where Frida Kahlo was born. This area exudes a lively and energetic atmosphere and what is striking is that there aren't any flats here. "Law prohibits the construction tall buildings in order to protect the original character of the neighbourhood. It has a lot of churches, and so there are a lot of neighbourhood parties. We all take part", laughs Carla.

Due to the couple's hectic schedule, the process of transforming their design into reality happened gradually. Some of the pieces of furniture were designed and made by Pedro, who also managed the conversion. Concrete sets the general tone, from the hammered floors and rough walls and partitions to the organic dining table in the kitchen. The absolute eyecatcher is a huge library - Pedro buys 70 books on average a month - with concrete shelves that spread across the whole wall of the sitting room, right up to the gallery ceiling. The house is first and foremost an ode to local craftsmanship. "It was built with modest materials by amazingly talented Mexican builders. The attention they payed to certain details is heartwarming. You won't find it anywhere else", says Pedro. All the furniture dotted around the sitting room - a chair with a traditional blanket, handwoven armchairs, wooden stools designed by Pedro - reveals the local artisan expertise. It's no coincidence that Carla works with local communities in Mexico City for her fashion label and uses traditional Mexican patterns and fabrics. For this couple, their house is also a statement: "It is our way of showing respect for the Mexican culture."

EN
View from the gallery onto the exquisite living room with a hammered concrete floor and skylight. Works of art by Pedro Reyes hang from the ceiling and appear at the back of the room.

NL
Uitzicht vanaf de galerij op de riante leefruimte met gehamerde betonvloer en lichtstraat. Aan het plafond en achteraan in de ruimte hangen en staan kunstwerken van Pedro Reyes.

FR
Vue depuis la mezzanine sur l'imposant séjour avec son sol en béton martelé et ses nombreux puits de lumière. Au plafond et à l'arrière de la pièce, des œuvres de Pedro Reyes, propriétaire de cette maison avec son épouse Carla Fernández.

EN
The impressive library, built by local craftsmen, and the indigenous furniture are an ode to Mexican culture. The table, hanging lamp and wooden chair at the back were designed by Pedro.

NL
De indrukwekkende bibliotheek, gebouwd door lokale vaklui, en de meubels van inheemse origine zijn een ode aan de Mexicaanse cultuur. De tafel, hanglamp en houten stoelen achteraan zijn Pedro's ontwerp.

FR
Cette bibliothèque impressionnante, réalisée par des artisans locaux, et le mobilier traditionnel sont une ode à la culture mexicaine. La table, les chaises en bois et la suspension sont des créations de Pedro Reyes.

BURMA

EN
In the kitchen the rough concrete of the library has been replaced by polished concrete. The sleek open shelves contrast with an oval-shaped island and an organic shaped table.

NL
In de keuken maakt het ruwe beton van de bibliotheek plaats voor gepolijst beton. Strakke open rekken contrasteren met een afgerond kookeiland en een organisch gevormde tafel.

FR
Dans la cuisine, le béton brut de la bibliothèque cède la place au béton poli. Les étagères longitudinales alternent avec l'îlot elliptique et la table aux formes organiques.

EN
Different treatments of concrete produce fifty shades of grey in the kitchen.

NL
Vijftig tinten grijs in de keuken, dankzij de verschillende manieren waarop het beton is behandeld.

FR
Cinquante nuances de gris en cuisine, grâce aux différents traitements du béton.

NL "Ons huis is een open huis. Hier woont en werkt ons gezin, maar ook collega's, vrienden en familie." Aldus Carla Fernández, de Mexicaanse modeontwerpster die, samen met haar man, kunstenaar-architect Pedro Reyes, in een opvallende betonconstructie in Mexico-Stad woont. Een woning uit de jaren '80 vol verwijzingen naar de brutalistische architectuur dat vanbuiten imponeert maar vanbinnen verwelkomt. Te beginnen met de riante leefruimte, waar handgemaakte meubels, traditionele stoffen en hier en daar wat kleur een uitnodigende sfeer creëren. Hun woning ligt in Coyoacán, de kunstenaarswijk in het zuiden van Mexico-Stad waar Frida Kahlo's geboortehuis staat. De wijk ademt een levendige, energieke sfeer en – opvallend – er staan hier geen flatgebouwen. "De wet verbiedt de bouw van hoge constructies om het originele karakter van deze woonwijk te beschermen. Onze buurt telt wel veel kerken waardoor er veel buurtfeesten zijn. We nemen er allemaal aan deel", lacht Carla.

Door de hectische agenda van het echtpaar kwam de inrichting beetje bij beetje tot stand. Een aantal meubels werd ontworpen en gemaakt door Pedro, die ook de verbouwing voor zijn rekening nam. Beton voert de boventoon, van de gehamerde vloeren en ruwe wanden en muren tot de organische eettafel in de keuken. De absolute blikvanger is een immense bibliotheek – Pedro koopt gemiddeld 70 boeken per maand - met betonnen legplanken die over de hele wand van de zitruimte lopen, tot aan het plafond van de galerij. Het huis is op de eerste plaats een ode aan lokaal vakmanschap. "Het is gebouwd met bescheiden materialen door ongelooflijk getalenteerde Mexicaanse metselaars. Het belang dat ze aan bepaalde details hechten is hartverwarmend. Dat vind je nergens anders meer terug", aldus Pedro. Ook de kriskras verspreide meubels in de zitkamer - een bank met traditionele deken, handgevlochten fauteuils, houten stoelen die Pedro ontwierp – tonen de ambachtelijke knowhow van hun land. Niet toevallig werkt Carla voor haar modelabel met lokale gemeenschappen uit Mexico-Stad en verwerkt ze in haar kleding traditionele Mexicaanse motieven en stoffen. Voor het echtpaar is hun woning dan ook een statement: "Het is onze manier om de Mexicaanse cultuur in ere te houden."

EN
The walled garden with lava stone, cactuses and succulent plants.

NL
De ommuurde tuin van lavasteen, beton, cactussen en vetplanten.

FR
Le jardin emmuré avec ses pierres de lave, son béton, ses cactus et plantes grasses.

"The best thing about this house is that there's no wasted space: every room has been put to intensive use."

EN
Skylights on the top floor. The bright yellow is a reference to the work of the Mexican architect Luis Barragán. OPPOSITE In his work 'Disarm', Pedro Reyes uses what's left of weapons destroyed by the Mexican army to make musical instruments.

NL
Lichtstraat op de bovenverdieping. De felgele kleur is een verwijzing naar het werk van de Mexicaanse architect Luis Barragán. HIERNAAST In zijn werk 'Disarm' gebruikte Pedro Reyes resten van wapens, vernietigd door het Mexicaans leger, om er muziekinstrumenten van te maken.

FR
Puits de lumière à l'étage. Le jaune vif est un clin d'œil au travail de l'architecte Luis Barragán. CI-CONTRE Avec son œuvre 'Disarm', Pedro Reyes a réalisé des instruments de musique à partir de restes d'armes détruites par l'armée mexicaine.

EN
The sleeping area is upstairs, so that the visitors that come and go do not disturb Carla and Pedro's young children. OPPOSITE The shower unit in the bathroom.

NL
De slaapzone ligt boven, zodat het komen en gaan van bezoekers de jonge kinderen van Carla en Pedro niet stoort. HIERNAAST De douchecabine in de badkamer.

FR
La partie nuit est située tout en haut, afin que les enfants de Carla et Pedro ne soient pas dérangés par les visites dans la maison. CI-CONTRE Une cabine de douche originale dans la salle de bains.

FR "C'est une vraie maison ouverte. C'est ici que vit et travaille notre famille, mais aussi nos collègues et nos amis", nous dit Carla Fernández. La styliste mexicaine et son mari, l'artiste architecte Pedro Reyes, partagent cette étonnante maison de béton située dans la ville de Mexico. Bâtie dans les années quatre-vingt, elle est pleine de références au mouvement brutaliste. Impressionnante de l'extérieur mais accueillante à l'intérieur. Commençons par le vaste séjour, où les meubles artisanaux, les textiles traditionnels et quelques touches de couleur dessinent une ambiance invitante. Nous sommes au cœur de Coyoacán, un quartier à forte teneur artistique au sud de la ville et quartier natal de Frida Kahlo. L'atmosphère est vivante, énergique. Ici, pas de tours à appartements. "La loi interdit leur construction afin de préserver le caractère authentique de Coyoacán. Autour de chez nous, il y a aussi beaucoup d'églises et donc beaucoup de fêtes de quartier. Nous n'en manquons aucune", rit Clara.

Avec leur agenda chargé, Pedro et Carla n'ont aménagé leur habitation que petit à petit. Pedro, qui a assuré les travaux de rénovation, a également dessiné et fabriqué quelques meubles. Le béton donne le ton, des sols martelés aux murs nus en passant par la table à manger aux contours organiques. Le clou du spectacle est assurément cette gigantesque bibliothèque – Pedro achète près de 70 livres par semaine –, dont les planches de béton longent tout le salon et s'élèvent jusqu'en haut de la mezzanine. La maison est avant tout une ode à l'artisanat local. "Elle a été construite avec des matériaux particuliers par des maçons au talent incroyable. L'attention qu'ils ont porté à chaque détail fait vraiment chaud au cœur. On ne trouve plus cela nulle part", estime Pedro. Le savoir-faire artisanal s'illustre aussi à travers les meubles disséminés dans le salon : un canapé couvert d'une couverture traditionnelle, des fauteuils tressés, une chaise en bois dessinée par Pedro... Ce n'est pas non plus un hasard si, pour son label de mode, Carla travaille avec des communautés locales de Mexico et si elle intègre des motifs et textiles traditionnels à ses vêtements. Aussi, aux yeux de Pedro et d'elle, leur maison est un manifeste : "C'est notre manière de célébrer la culture mexicaine."

EN
Pedro made the sculptural sink and the bathtub out of lava stone.

NL
Pedro ontwierp de sculpturale wastafel en de badkuip uit lavasteen.

FR
Pedro a aussi dessiné ce lavabo et cette baignoire en pierre de lave.

New vision

AMSTERDAM

EN For years, Olaf Arkauer and textile designer Shirley Muijrers, born and bred in Amsterdam, were looking for something bigger and in particular, something spectacular. But they didn't come across anything that got their full approval. "Luckily, salvation came just in time", laughs Olaf. "Even before it came on the market, I heard that an office space in the centre of Amsterdam was coming up for sale. I bought it before Shirley had seen it." "That sounds worse than it was," explains Shirley, "because we are nearly always on the same wavelength when it comes to taste." The property was a one-storey office building from the 60s overlooking the street with a 17th-century three-storey warehouse attached to it. In a unique location: a remote corner of the popular Jordaan neighbourhood in Amsterdam. There aren't any tourists in sight here, but you can still reach the historic centre in 15 minutes on foot. "A beautiful location. For a place in the centre, it is very secluded. But we are still very much in the city centre", explains Olaf.

They not only needed extra space because their family was expanding. But also, for professional reasons, since the couple had launched a bedding company, Suite702. What used to be the boardroom overlooking the street, is now a design studio and storage room. The living room is behind the partition wall. The ground floor of the warehouse functions as an entrance and a kitchen, with a big entrance hall. The bedrooms and bathrooms are upstairs. To get more light into the room, and to create a patio, Shirley and Olaf decided to move the back wall inwards, taking some space from the living room. Olaf: "It seemed a shame at first, since we had to get rid of at least 20 square meters of living room". Not cheap, but we got so much in return and we don't regret it for one second. When the weather is good, we can open the window wide and enjoy the outdoors to the utmost. Friends tell us that there is still so much more potential for the space above the office. But we are so happy with what we have, so why would we want to do that?

EN
A steel frame was set into the inside window in the old warehouse wall. That way Olaf Arkauer can still communicate between the kitchen and the living room, which is located in an old warehouse.

NL
In het binnenraam van de oude muur van het pakhuisje werd een stalen profiel geplaatst. Zo heeft Olaf Arkauer vanuit de keuken contact met de woonkamer, die zich in de oude aanpalende bedrijfsruimte bevindt.

FR
Le châssis métallique placé dans le mur de l'ancienne maison entrepôt permet à Olaf Arkauer, depuis sa cuisine, de voir dans le vaste séjour, aménagé, lui, dans un ancien hangar d'entreprise.

EN
Olaf and Shirley gave up a bit of the living room to make a patio. When the weather is good, the glass doors at the back can be opened fully. The letter O used to be part of the lettering on a Berlin hotel.

NL
Olaf en Shirley offerden een stuk van de leefruimte op om een patio te creëren. De beglaasde achtergevel staat op mooie dagen helemaal open. De letter O maakte ooit deel uit van de belettering van een Berlijns hotel.

FR
Olaf et son épouse Shirley Muijrers ont sacrifié une partie du séjour pour créer un patio. Par beau temps, le large vitrage s'ouvre presque entièrement. Le grand O a été récupéré de l'enseigne d'un hôtel berlinois.

EN
View from the patio onto the street. The office is hidden behind the partition wall. OPPOSITE The glass facade goes all the way along the kitchen and past the adjacent warehouse into the living room. Behind the wooden cupboard, designed by Olaf's mother, the architect Evelyne Merkx, there is an entrance hall.

NL
Uitzicht vanaf de patiokant naar de straatzijde. Achter de scheidingswand bevindt zich het kantoor. HIERNAAST De keuken in het oude, belendende pakhuisje; de beglaasde gevel van de leefruimte loopt gewoon door. Achter de houten kastenwand zit de ingang en vestibule. Deze wand is een ontwerp van Olafs moeder, architecte Evelyne Merkx.

FR
Le séjour, vu du côté du patio. Derrière la paroi blanche, l'espace professionnel aménagé côté rue. CI-CONTRE La cuisine, située dans l'ancienne maison entrepôt, donne sur la salle à manger, où se prolonge le vitrage du salon. Derrière le mur d'armoires dessiné par l'architecte Evelyne Merkx, la mère d'Olaf, l'entrée de la maison et un grand couloir.

OLAF
WALTER VAN BEIRENDONCK

“I bought the property before Shirley had seen it”

NL Geboren Amsterdammer Olaf Arkauer en textieldesigner Shirley Muijrers waren al jaren op zoek naar een grotere en vooral bijzondere woning. Maar er kwam niets op hun pad dat hun goedkeuring kon wegdragen. "Gelukkig kwam er net op tijd redding", lacht Olaf. "Voordat het op de markt kwam, hoorde ik dat er een bedrijfsruimte in het centrum van Amsterdam te koop zou staan. Ik heb het gekocht zonder dat Shirley het had gezien." "Dat klinkt erger dan het is," vult Shirley aan, "want we zitten bijna altijd op één lijn qua smaak." Het pand bestond uit een grote bedrijfsruimte van één bouwlaag uit de jaren '60 aan de straatkant en een aanpalend pakhuisje van drie verdiepingen uit de zeventiende eeuw. Op een al even bijzondere locatie: in een uithoek van de populaire Amsterdamse wijk de Jordaan. Geen toerist te bekennen hier, terwijl het historische hart te voet in een kwartier bereikbaar is. "Een heerlijke plek. Het is voor centrumbegrippen heel afgelegen. Maar toch zitten we supercentraal", legt Olaf uit.

Ze hadden niet alleen extra ruimte nodig wegens gezinsuitbreiding, maar ook om professionele redenen. Het koppel richtte namelijk een bedrijf voor beddengoed op: Suite702. De voormalige directiekamer aan de straatzijde fungeert nu als hun ontwerpstudio annex opslagruimte. Achter een wand ligt de leefruimte. De begane grond van het pakhuisje fungeert als keuken en als entree, met een grote vestibule. Erboven liggen slaap-en badkamers. Om meer licht binnen te halen, en om een patio te creëren, besloten Shirley en Olaf een hap uit de achtergevel van de leefruimte te nemen. Olaf: "Dat leek in eerste instantie jammer, omdat we zo maar liefst twintig vierkante meter woonruimte hebben opgeofferd. Een dure grap, maar je krijgt er zoveel voor terug, dat we er geen moment spijt van hebben gehad. Op mooie dagen schuiven we het raam open en genieten we volop van het buitenleven. Vrienden zeggen vaak dat we nog veel potentieel hebben boven het platte bedrijfsgedeelte. Maar we wonen hier heerlijk zo, dus waarom zouden we?"

EN
Olaf and Shirley like to mix old with new. Next to the dining table, which they designed themselves, there is a vintage fold-out writing desk.

NL
Olaf en Shirley mixen graag oud met nieuw. Naast de eettafel , een eigen ontwerp, staat een vintage bureaukast met uitklapbaar schrijfblad.

FR
Olaf et Shirley aiment mêler l'ancien et le nouveau. A côté de la table à manger maison, un secrétaire vintage.

EN
The parents' bedroom is on the ground floor. There are Suite702 bed sheets on the bed made by the couple's own company. The parents' bathroom gets daylight from the skylight. The sink is custom-made and the shower is fitted with Moroccan mosaic tiles.

NL
De masterbedroom ligt op de begane grond. Op het bed ligt beddengoed van Suite702, het bedrijf van de bewoners.
De masterbadkamer krijgt daglicht dankzij de lichtstraat. De wastafel is op maat gemaakt, de douchewand kreeg een bekleding met Marokkaanse mozaïektegels.

FR
La chambre parentale est elle aussi aménagée au rez de-chaussée. Draps signés Suite 702, la firme des propriétaires. Un lanterneau offre un bain de lumière naturelle à la salle de bains principale. Le lavabo a été conçu sur mesure et la douche décorée de zelliges marocains.

FR La créatrice textile Shirley Muijrers et son mari Olaf Arkauer ont longtemps cherché un logement plus grand et surtout particulier. Mais rien ne parvenait à satisfaire leurs exigences. "Heureusement, le salut est venu à temps", s'amuse Olaf. "J'avais eu vent de la vente de cette maison, qui n'était alors qu'un espace d'entreprise, avant qu'elle soit mise sur le marché. Et je l'ai achetée ! Shirley n'a même pas eu le temps de la visiter." "Ce n'est pas aussi extrême que cela en a l'air", complète Shirley, "car nous avons presque toujours les mêmes goûts." Le bien consistait en un grand espace professionnel de plain-pied construit dans les années soixante, adossé d'une maison entrepôt sur trois niveaux du XVIIe siècle. L'emplacement aussi était particulier : un coin perdu du quartier populaire du Jordaan. Nous ne sommes qu'à quinze minutes à pied du centre, et pourtant, ici, pas un touriste ! "C'est fabuleux. Selon les standards ultra-urbains, c'est isolé. Mais nous sommes proches de tout", explique Olaf.

Le couple avait besoin d'espace non seulement pour sa vie de famille mais aussi parce qu'il avait lancé sa propre entreprise de literie, Suite 702. L'ancien bureau de direction côté rue accueille le studio de création, prolongé d'un espace de stockage. Derrière le mur vient ensuite le séjour. Le rez-de-chaussée de la partie maison abrite l'entrée, un grand vestibule et la cuisine. Chambres et salles de bains sont aménagés aux étages. Pour profiter davantage de la lumière et créer un patio, Shirley et Olaf ont décidé de raboter le bâtiment à l'arrière. "A première vue, il peut paraître absurde de sacrifier une vingtaine de mètres carrés habitables", dit Olaf. "D'autant que l'opération a eu son prix. Mais on ne l'a jamais regretté. Quand il fait beau, on passe presque tout notre temps à l'extérieur. Des amis nous disent que la toiture plate offre également pas mal de potentiel. Mais nous sommes déjà très bien ainsi. Pourquoi vouloir plus ?"

"What inspires me, are not the super clean neighbourhoods and streets."

Welcome…
to the **Brussels** of designer **Alain Gilles**

EN **Alain Gilles** is one of the most versatile and productive designers in Belgium. He designs for both Belgian and major international brands. His most famous achievement is the acclaimed "Big Table" for the Italian brand Bonaldo. Almost twenty years ago he bought an old late 19th century fur factory in the north of Brussels and, together with his architect, converted it into a loft. This gave him confidence he needed to make his dream come true and become a designer. Alain Gilles lives there with his wife Rama and their two children. He also works there in his studio on the ground floor.

“I would describe my part of the street as a family neighbourhood, people know each other well, it is like a village.”

EN **What do you hear when you open your window?**
"Nothing! The loft is in the middle of a residential block so the windows don't overlook the street, but the courtyard. Brussels is one of the greenest capitals in Europe, but you don't always see that."

How did you discover this building?
"I was walking one day through Schaerbeek with a friend when we discovered what beautiful buildings there are here. Schaerbeek used to be a rich municipality and you can tell by the architecture. But finding a loft was no easy feat 20 years ago, because the concept was not yet a common one. When property hunting through ads we had to search under "studios". When I bought the building, it had been empty for 15 years. The roof leaked, the windows were broken. Honestly, if I hadn't already been familiar with the neighbourhood I would have wondered where on earth I had ended up."

And where did you end up?
"My house is located between the station and Josaphat Park, not far from the Schaerbeek town hall. A neighbourhood that wasn't really up and coming at the time but that had potential. In the 1970s, many Belgians left Brussels and foreigners often took over their properties, which is typical of neighbourhoods around railway stations. Nowadays it is mainly people of Moroccan, Albanian, Turkish, and Spanish origin who live here, which is an interesting mix that prevents it from becoming a ghetto. Sometimes visitors wonder if it is not unsafe here because there are so many people on the street. But that is the difference between perception and reality: I actually feel safe because I know that they are my neighbours."

Has your neighbourhood changed since you came to live here?
"I thought the transformation would take ten years, but it is actually taking longer. Not that I would like to see everything changed, but I also need different kinds of shops. For example, we have a lot of Moroccan butchers and bakers here, all very tasty, but sometimes I feel like I need something else. Three years ago, I started seeing a bit more diversity. I would describe my part of the street as a family neighbourhood, people know each other well, it is like a village. But I would not go so far as to say that this applies to the rest of the street, let alone the whole neighbourhood. The tram cuts the street in two and the other part has a different atmosphere."

Does your neighbourhood inspire you?
"What inspires me, even when I walk around other cities, are not the super clean neighbourhoods and streets. When I take photos, they are always about things that are not considered beautiful, but that I find interesting and that I can use in my work."

The favourite addresses of Alain Gilles

• **Les Ecuries van de Tram Organic Market** in the old tram depot on Rubensstraat, because of the good atmosphere.
• **Boentje** on Place Colignon, the first zero waste cafe in Brussels - think cloth napkins, take-away coffees in jam jars and metal drinking straws.
• **La Laiterie** in the Josaphat Park: lunch in the green.
• **RN Express** in the former Schaerbeek station - now the Train World Museum - because of the mix between old and new in the interior.
• The bicycle shop **“Pignon sur Roue”** in the Rue Josse Impens because you can find old bicycle parts there. For example, I found vintage quick-release levers that I needed to finalize my “Eddy” armchair.
• **Belicia** on Place Colignon, an artisan ice cream shop, run by a passionate specialist.

NL **Alain Gilles** is een van de meest veelzijdige en productieve designers uit België. Hij ontwerpt zowel voor Belgische als grote internationale merken, met als bekendste wapenfeit de gelauwerde 'Big Table' voor het Italiaanse merk Bonaldo. Bijna twintig jaar geleden kocht hij een oud pelsenfabriekje uit het einde van de 19e eeuw in het noorden van Brussel en verbouwde het, samen met zijn architect, tot loft. Dat gaf hem het nodige vertrouwen om zijn droom waar te maken: designer worden. Alain Gilles woont er samen met zijn vrouw Rama en hun twee kinderen en werkt er ook, in zijn studio op de benedenverdieping.

Wat hoor je als je je raam opent?
"Niets! De loft ligt in het midden van een woonblok dus we hebben geen ramen aan de straatkant, maar kijken uit op binnentuinen. Brussel is een van de groenste hoofdsteden van Europa, alleen zie je dat niet altijd."

Hoe heb je dit gebouw ontdekt?
"Toen ik met een vriend door Schaarbeek, in het noorden van Brussel, wandelde, ontdekten we wat voor schitterende gebouwen hier staan. Schaarbeek was vroeger een rijke gemeente en dat zie je aan de architectuur. Maar een loft vinden was twintig jaar geleden niet zo evident, omdat het begrip nog niet zo bekend was. Bij de advertenties moest je zoeken onder 'Ateliers'. Toen ik het gebouw kocht, stond het al vijftien jaar leeg. Het dak was lek, het glas van de ramen gebroken. Eerlijk, had ik de buurt niet al een beetje gekend, dan zou ik me afgevraagd hebben: waar ben ik hier beland?"

En waar was je beland?
"Mijn huis ligt tussen het station en het Josaphatpark, niet ver van het gemeentehuis van Schaarbeek. Een wijk die toen nog niet echt aan het bewegen was maar wel potentieel had. In de jaren '70 zijn veel Belgen uit Brussel weggetrokken en hebben mensen van buitenlandse origine vaak hun plaats ingenomen, dat is typisch voor de wijken rond stations. Nu wonen hier veelal mensen van Marokkaanse, Albanese, Turkse en Spaanse origine, een interessante mix, die vermijdt dat het een getto wordt. Soms vragen bezoekers zich af of het hier niet onveilig is omdat er zo veel mensen op straat zijn. Maar dat is nu net het verschil tussen perceptie en realiteit: ik voel me net veilig omdat ik weet dat dat mijn buren zijn."

Is je wijk veranderd sinds je hier kwam wonen?
"Ik dacht dat de transformatie tien jaar zou duren, maar het neemt meer tijd in beslag. Niet dat ik alles veranderd zou willen zien, maar ik heb ook wel behoefte aan een ander soort winkels. Je hebt hier bijvoorbeeld veel Marokkaanse slagers en bakkers, heel lekker allemaal, maar soms heb ik zin in iets anders. Sinds een drietal jaar zie ik een beetje meer diversiteit. Mijn deel van de straat zou ik als familiaal omschrijven, de mensen kennen elkaar goed, het is hier net een dorpje. Maar ik zou niet zo ver durven gaan om te zeggen dat dat voor de rest van de straat, laat staan de wijk, geldt. De tram snijdt de straat in twee en in het andere stuk heerst een andere sfeer."

Word je geïnspireerd door je omgeving?
"Wat mij inspireert, ook als ik in andere steden loop, zijn niet de super cleane wijken en straten. Als ik foto's neem, is dat altijd van dingen die niet als mooi worden beschouwd, maar die in mijn ogen interessant zijn en die ik kan gebruiken in mijn werk."

De favoriete adressen van Alain Gilles

• Biomarkt **Les Ecuries van de Tram** in het oude tramdepot aan de Rubensstraat, vanwege de goeie sfeer.
• **Boentje** aan het Colignonplein, het eerst zero waste café van Brussel - denk: stoffen servetten, meeneemkoffies in jambokalen en metalen drinkrietjes.
• **La Laiterie** in het Josaphatpark: lunchen in het groen.
• **RN Express** in het voormalige station van Schaarbeek – nu het Train World Museum - vanwege de mix tussen oud en nieuw in het interieur.
• Fietsenwinkel **Pignon sur Roue** in de Josse Impensstraat omdat je er terecht kan voor oude fietsdelen. Zo heb ik er vintage snelspanners gevonden die ik nodig had om mijn fauteuil 'Eddy' te finaliseren.
• **Belicia** aan het Colignonplein, een artisanale ijsjeszaak, gerund door een gepassioneerd vakman.

FR **Alain Gilles** est l'un des designers belges les plus polyvalents et les plus prolifiques. Il travaille autant avec des labels belges qu'avec de grandes marques internationales. Son fait d'armes le plus célèbre et le plus célébré est sans toute sa 'Big Table' pour le fabricant italien Bonaldo. Il y a près de vingt ans, il a racheté au nord de Bruxelles d'anciens ateliers de fourreur datés de la fin du XIXe siècle, qu'il a transformés en loft avec son architecte. L'expérience lui a inspiré la confiance nécessaire pour réaliser son rêve : devenir designer ! Alain Gilles vit ici avec son épouse Rama et leurs deux enfants. Il y travaille également puisque son studio est installé au rez-de-chaussée.

Qu'entendez-vous quand vous ouvrez la fenêtre ?
"Rien ! Notre loft est situé en cœur d'îlot : aucune fenêtre ne donne sur la rue et toutes donnent sur les jardins. Bruxelles est l'une capitales européennes les plus vertes. Mais cela ne se voit pas toujours."

Comment avez-vous découvert cet appartement ?
"C'est en me promenant avec un ami dans les rues de Schaerbeek que j'ai découvert les façades magnifiques que l'on trouve ici. Schaerbeek était autrefois une commune très riche et cela se voit à son architecture. Mais dénicher un loft il y a vingt ans était loin d'être évident car le principe était encore méconnu. Il fallait chercher des annonces pour des ateliers à vendre. Quand nous avons acheté ce bâtiment, il était vide depuis quinze ans ! La toiture fuyait, les vitres étaient brisées. Si je n'avais connu un peu le quartier, je me serais sincèrement demandé : mais où ai-je atterri ?"

Et où avez-vous atterri ?
"La maison est située non loin de la Maison communale, entre la gare et le parc Josaphat. C'est un quartier qui n'avait alors pas encore trop bougé… mais qui avait du potentiel ! Dans les années septante, beaucoup de familles belges ont quitté Bruxelles et ont le plus souvent été remplacées par des gens venus d'ailleurs. C'est assez typique des quartiers entourant les gares. La population est à présent principalement d'origine marocaine, albanaise, turque et espagnole. Je trouve que c'est un mélange intéressant, qui évite l'effet ghetto. Ceux qui me rendent visite me demandent parfois si je ne me sens pas en insécurité du fait qu'il y ait toujours des gens dans la rue. Les perceptions diffèrent souvent de la réalité : je me sens précisément en sécurité car je sais que ce sont mes voisins."

Votre quartier a changé depuis votre arrivée ?
"Je pensais que la transformation prendrait une dizaine d'années mais cela prend plus de temps. Ce n'est pas que je voudrais tout voir changer, mais j'aimerais avoir aussi accès à d'autres types de commerces. Vous trouvez par exemple beaucoup de boucheries et de boulangeries marocaines, toutes délicieuses, mais j'ai parfois envie d'autre chose. Depuis quelques années, il y a un peu plus de diversité. J'habite un segment de rue dont je dirai qu'il est familial ; les gens se connaissent bien, un peu comme dans un village. Mais je n'en dirais pas autant de l'autre partie de la rue ou du quartier en général. Le tram coupe la rue deux et l'ambiance est très différente de ce côté-là."

Cet un milieu qui vous inspire ?
"Ce qui m'inspire, même quand je me promène dans d'autres villes, ce ne sont pas les rues et les quartiers ultrapropres. Quand je prends des photos, ce ne sont jamais des choses que l'on pourrait décrire comme 'belles' mais des choses qui sont intéressantes à mes yeux et que je pourrais utiliser dans mon travail."

Les adresses d'Alain Gilles dans son quartier

• Le marché bio des **Ecuries van de Tram**, dans l'ancien dépôt de tram rue Rubens, pour sa bonne ambiance.
• **Le Boentje**, place Colignon, le premier "café zéro déchet" de Bruxelles, avec ses serviettes en tissu, ses pailles métalliques et son café à emporter dans un bocal de confiture.
• **La Laiterie** du parc Josaphat, pour aller manger au vert.
• **RN Express**, dans l'ancienne gare de Schaarbeek (où l'on trouve à présent le musée Train World) pour son intérieur mêlant l'ancien et le moderne.
• Le magasin de vélo **Pignon sur Roue**, rue Josse Impens, car on y trouve des pièces de rechange pour vieux vélos. J'y ai trouvé les tendeurs nécessaires pour finaliser mon fauteuil 'Eddy'.
• **Belicia**, place Colignon, pour ses glaces artisanales préparées par un vrai passionné.

25

DESSINS RÉCENTS
DE
H-MATISSE
GALERIE MAEGHT
13, RUE DE TÉHÉRAN, PARIS

Housework

LONDON

EN Does an office necessarily have to look like an office? Duncan Campbell and Charlotte Rey don't think so. Both work from Duncan's apartment that he shares with his friend, designer-artist Luke Edward Hall. "Duncan already lived here when we set up our creative consultancy office. We usually travel an average of two weeks a month, so we don't really need a proper studio just yet. And for us, it is the perfect solution." In the meantime, their field of work has expanded from consultancy to design. "We design on demand for our clients but a couple years ago we also presented our first collection of marble side tables at the Milan Furniture Fair." However, let's return to their office. The duo usually works in the room with the balcony next to the kitchen, where there is just about enough space for a desk and a few bookshelves. "Yes, it is small, but we love this place and we can concentrate really well here." That also has to do with the location of course, a quiet street in the Camden Square district of north London. "It is wonderfully calm here, even though it is within walking distance from Kings Cross. So, it's ideally located."

The house dates back to the second half of the 19th century and is part of a group of houses in a slightly Italian style with high arched windows. The renovation works to the apartment on the second floor were carried out entirely by Duncan and his friend Luke. "The works were really necessary. The electricity and water pipes were replaced, walls replastered and painted and we changed the layout completely so that we now have a central sitting room with a dining room and a kitchen", explains Duncan. In their interior, you can clearly see their shared passion for bright colours, striking patterns and a daring mix of styles. The furniture, objects, prints, posters and drawings that they collected at markets, through e-bay or art and vintage galleries in London or abroad, all fit in well together, even though they all come from different time periods. The green walls, dark in the living room and with a grey undertone in the bedroom, are the leitmotiv throughout the interior and give the apartment a serene atmosphere; we have everything you need to live and work peacefully. Inspiration then comes naturally.

EN
The entrance hall: the framed posters, prints and photos that Duncan Campbell and Luke Edward Halle have been collecting over the years can be found all over the house, together with the green wall colour.

NL
De inkom: de ingelijste affiches, gravures en foto's die Duncan Campbell en Luke Edward Hall al jaren verzamelen vind je overal in huis terug, net zoals de groene tint op de muur.

FR
L'entrée avec ses photos, gravures et affiches collectionnées depuis des années par Duncan Campbell et Luke Edward Hall, les propriétaires. Tout comme les murs verts, on en retrouve dans tout l'appartement.

EN
The green walls and curtains and the plants form a link between inside and outside.

NL
De groene wanden, gordijnen en kamerplanten verbinden binnen met buiten.

FR
Les tentures et les murs verts, ainsi que les plantes, font le lien entre intérieur et extérieur.

Peggy Guggenheim Collection, Venice

The apartment was never intended to be an interior project; it is more of a collection of furniture and objects that were picked up here and there and have a story to tell.

EN
The other side of the central living room with a Berber carpet, vintage mirror by Fontana Arte, old posters and portraits by Luke Edward Hall.

NL
De andere zijde van de centrale leefruimte met een berbertapijt, een vintage spiegel van Fontana Arte, affiches en een portret door Luke Edward Hall.

FR
L'autre côté du séjour central avec son tapis berbère, son miroir vintage de Fontana Arte, Des affiches et un portrait signé par Luke.

NL Moet een kantoor er per se uitzien als een kantoor? Duncan Campbell en Charlotte Rey vinden van niet. De twee werken vanuit het appartement van Duncan en zijn vriend, designer-kunstenaar Luke Edward Hall. "Duncan woonde hier al toen wij ons bureau voor creative consultancy hier vestigden. We reizen gemiddeld twee weken per maand, dus een echte studio hebben we - nog - niet nodig. En voor ons is het de perfecte oplossing." Hun werkveld heeft zich intussen uitgebreid van consultancy naar design. "We ontwerpen op bestelling voor onze klanten, maar een paar jaar geleden hebben we ook een eerste collectie marmeren bijzettafeltjes voorgesteld op de Meubelbeurs van Milaan." Maar terug naar hun kantoor. Het duo werkt meestal in een kamertje met een balkon dat zich naast de keuken bevindt. In deze ruimte is er net plaats genoeg voor een bureau en wat boekenplanken. "Ja, het is klein, maar we houden van deze plek en we kunnen er ons heel goed concentreren." Dat heeft natuurlijk ook te maken met de ligging, een rustige straat in de buurt van Camden Square in Noord-Londen. "Het is hier heerlijk kalm, ook al ligt het op loopafstand van het drukke Kings Cross. Ideaal gelegen dus."

Het huis dateert uit de tweede helft van de 19e eeuw en maakt deel uit van een groep woningen in lichtjes italianiserende stijl, met hoge boogramen. Het appartement op de tweede verdieping werd door Duncan en zijn vriend Luke helemaal onder handen genomen. "Die renovatie was nodig. De elektriciteits- en waterleidingen werden vervangen, muren herbepleisterd en geschilderd en de ruimte kreeg een nieuwe indeling, zodat we nu een centrale zitkamer met eetkamer en keuken hebben", aldus Duncan. In hun interieur komt hun gedeelde passie voor felle kleuren, opvallende motieven en gedurfde stijlmixen helemaal tot uiting. De meubels, objecten, prints, affiches en tekeningen die ze op markten, via e-bay of in vintage en kunstgaleries in Londen of in het buitenland verzamelden, voelen zich thuis bij elkaar, ook al komen ze uit verschillende periodes. De groene muren, donker in de leefruimte en met een grijze ondertoon in de slaapkamer, zijn de verbindende factor in het interieur en zorgen mee voor de serene sfeer die in het appartement hangt: alles is aanwezig om rustig te kunnen wonen en werken. De inspiratie volgt vanzelf.

EN
A view of the street, with houses from the second half of the 19th century in a slightly Italian style. Most of the buildings were split up into apartments in the 80s.

NL
Uitzicht op de straat, met huizen uit de tweede helft van de 19e eeuw in lichtjes italianiserende stijl. In de jaren '80 werden de meeste woningen opgedeeld in appartementen.

FR
Vue sur la rue, avec ses maisons de la seconde moitié du XIXe siècle au style italianisant. La plupart ont été divisées en appartements dans les années quatre-vingt.

Edinburgh
international
Festival
1962
NOW
Oaxaca

EN
Wallpaper in the bathroom? Yes, we can! A design by Arts and Crafts, designer Charles Francis Annesley Voysey, produced by the British company Trustworth. OPPOSITE Detail of the bar furniture by Paolo Buffa with a totem sculpture by the British interior architect Ashley Hicks.

NL
Behang in de badkamer? Yes, we can! Ontwerp van Arts and Crafts ontwerper Charles Francis Annesley Voysey, uitgebracht door het Brits bedrijf Trustworth. HIERNAAST Detail van het barmeubel van Paolo Buffa met totemsculptuur van Brits interieurarchitect Ashley Hicks.

FR
Du papier peint dans la salle de bains ? *Yes, we can !* Les motifs du créateur Arts & Crafts Charles Francis Annesley Voysey ont été réédités par la firme britannique Trustworth.
CI-CONTRE Un détail du bar de Paolo Buffa avec une sculpture totem de l'architecte d'intérieur Ashley Hicks.

EN
The bedroom with a grey-green wall and vintage posters.

NL
De slaapkamer met grijsgroene muren en vintage affiches.

FR
La chambre avec ses murs vert grisé et ses affiches vintage.

FR Un bureau doit-il forcément ressembler à un bureau ? Pas pour Charlotte Rey et Duncan Campbell. Le duo opère depuis l'appartement que Duncan partage avec son compagnon, l'artiste et designer Luke Edward Hall. "Duncan vivait déjà ici quand nous avons choisi d'y installer notre agence. Voyageant deux semaines par mois en moyenne, nous n'avions pas vraiment besoin d'un studio à part entière. La solution nous semblait parfaite." Depuis lors, ils ont élargi leurs activités de la seule consultation à la création design. "Nous créons avant tout sur demande de nos clients mais, il y a quelques années, nous avons également présenté une collection de tables en marbre au Salon du meuble de Milan." Pour en revenir à leur bureau, le duo travaille principalement dans la petite pièce avec balcon à côté de la cuisine, où il n'y a place que pour une table et quelques étagères. "Oui, c'est petit. Mais nous adorons cette pièce et l'on s'y concentre à merveille." La situation joue aussi beaucoup : une rue tranquille dans le quartier de Camden Square, au nord de la ville. "Il y fait délicieusement calme, mais nous n'en sommes pas moins à distance de marche de l'animation de Kings Cross. Idéal, non ?"

L'appartement est situé au second étage d'une maison de la seconde moitié du XIXe siècle, intégrée à un ensemble d'habitations de style italianisant aux hautes fenêtres arquées. Duncan et Luke lui ont offert un sérieux coup de neuf. "Une rénovation s'imposait. Nous avons remplacé l'eau et l'électricité, replâtré et repeint les murs, ainsi que revu la distribution des pièces en vue de disposer d'un salon avec cuisine et salle à manger au centre de l'appartement", explique Duncan. Leur amour des couleurs chatoyantes, des motifs expressifs et des mélanges de styles osés s'y exprime pleinement. Les meubles et les objets, les dessins et les affiches ont été glanés sur e-bay ou dans des galeries vintage et des galeries d'art à Londres et à l'étranger. Cette rencontre de périodes hétéroclites fonctionne plutôt bien. Les murs verts, sombres dans le séjour ou grisés dans la chambre, font effet de liant et participent de la sérénité des lieux. Tout a été mis en place pour vivre et travailler en toute tranquillité. L'inspiration suit tout naturellement.

TRANSATLANTIQUE
French Line
COUPE LONGITUDINALE
Roald Dahl
GORE VIDAL The City and the Pillar
The Edwardians
A STICK OF GREEN CANDY
ROMANTIC MODERNS
DUNCAN GRANT
THE ONCE AND FUTURE KING
ANDREW MARR
DONNA TARTT
THE SECRET HISTORY
THE LONG WEEKEND
Swallows and Amazons
THE ROMANOVS
SIMON SEBAG MONTEFIORE
LIBRARIES
A.S. BYATT PEACOCK & VINE
THE SONG OF ACHILLES
Nigel Slater
PAUL KINGSNORTH
MARY RENAULT THE CHARIOTEER

EN
In the kitchen, old and new are placed side by side. OPPOSITE, Duncan and Charlotte's room. On the mantelpiece there is a mini version of the Carlton bookcase by Ettore Sottsass.

NL
In de keuken staan oud en nieuw letterlijk naast elkaar. HIERNAAST Het kantoortje van Duncan en Charlotte. Op de schoorsteenmantel staat een miniversie van de Carlton-kast van Ettore Sottsass.

FR
Dans la cuisine, ancien et nouveau se côtoient harmonieusement. CI-CONTRE Le petit bureau de Ducan et Charlotte. Sur le manteau de cheminée se trouve une miniversion de la bibliothèque Carlton d'Ettore Sottsass.

108

Haven

HASSELT

EN Belgian architect Kim Willemsens' terraced house was getting too small for her and her family. Only the garden could be extended, until the property next door was put up for sale. Her luck doubled because Kim didn't just want to live in a comfortable, new family home in a beautiful building, she also wanted to stay in the city centre. I wanted to design a modern house with a strong but relatively modest character," says Kim. "Because the building plot was about 12 metres wide, the front of the house had to remain modest, otherwise it would attract too much attention. That's why I opted for bricks, just like the other houses in the street." Their yellow ochre colour has a soft look to it that lessens the imposing grandeur of the house. The walls and windows that stand proud of the facade here and there give it a sense of depth, which also makes it look airier. The rounded walls inside give it a soft, natural feel and mean that the rooms flow beautifully into one another. Right in the middle of the house there is an atrium where the skylight shines through two floors so that the whole interior benefits from sunlight. Kim made a reading corner underneath it, using a 'Lounge Chair' by Ray and Charles Eames as the point of focus. In the dining room net curtains gently filter the incoming light. They are the leitmotif in this interior and create an intimate atmosphere in every room.

Even the materials that Kim uses consistently all add to the restful ambiance that this urban dwelling radiates. "We opted for timeless materials that you will have for life, rather than materials that happen to be trendy at the moment", the architect explains. Used in combination with mainly white walls, the alternating use of wood and granito sets the tone. "For the floor, the partition wall in the kitchen and the bathroom as well as for the sink in the bathroom, I chose granito that adds a sense of harmony in the interior", she adds. The soothing colour palette is interrupted here and there by simple, black touches like the doors, the fireplace and the metal window frames. A tranquil spot in the city.

EN
Recurrent shades and materials like white and wood and rounded walls give this family home an authentic and natural feel.

NL
Terugkerende tinten en materialen zoals wit, hout en afgeronde muren geven deze gezinswoning in Hasselt een natuurlijke uitstraling.

FR
Murs blancs, courbes et bois reviennent un peu partout dans cette maison familiale, participant à son aura très naturelle.

EN
The majestic sofa in the living room adds texture and warmth to this minimalist interior. The net curtains filter abundant sunlight throughout the whole house.

NL
De royale zitbank in de leefruimte brengt textuur en warmte in dit strakke interieur. Glasgordijnen filteren het overvloedige zonlicht in het hele huis.

FR
L'imposant canapé offre chaleur et texture à cet intérieur épuré. De hauts rideaux filtrent l'abondante lumière dans toute la maison.

BELGIUM NEW ARCHITECTURE
BELGISCH BUDGET BOUWBOEK

Kim was not just able to build a comfortable new family home, but also to continue living in the centre of town.

EN
An atrium right in the middle of the house bathes the living room in light. Kim made a reading corner underneath. OPPOSITE Details from Kim's office.

NL
Pal in het midden van de woning zorgt een vide ervoor dat de hele leefruimte in het licht baadt. Kim maakte er een leeshoek onder. HIERNAAST Detail van Kims bureau.

FR
Un vide au beau milieu de la maison fait circuler la lumière dans tout l'espace de vie. Kim a aménagé un coin lecture tout en bas. CI-CONTRE Un détail du bureau de Kim.

NL Het rijtjeshuis van de Belgische architecte Kim Willemsens was te klein geworden voor haar en haar gezin. Alleen de tuin kon wat uitgebreid worden, tot bleek dat het hele perceel ernaast en erachter te koop was. Dubbel geluk: Kim kon niet alleen een comfortabele, nieuwe gezinswoning met praktijk bouwen, maar ook in het centrum van de stad blijven wonen. "Ik wilde een hedendaagse woning met een sterk maar niet te opzichtig karakter ontwerpen", aldus Kim. "Omdat het bouwperceel zo'n 12 meter breed is, moest de uitstraling van de voorgevel bescheiden blijven, anders zou hij te veel op het straatbeeld wegen. Daarom heb ik voor bakstenen gekozen, zoals de andere huizen in de straat." Hun okergele kleur heeft een zachte uitstraling die de imposante grootte van de woning wat mildert. De hier en daar uitspringende muren en ramen van de façade geven het volume diepte, waardoor het ook luchtiger oogt. Binnen zorgen de afgeronde muren voor een zachte, natuurlijke uitstraling en laten ze de ruimtes vloeiend in elkaar overlopen. Pal in het midden van de woning vormt een vide over twee verdiepingen een lichtschacht die het hele interieur laat genieten van de zon. Kim maakte er een leeshoekje van, met een 'Lounge Chair' van Ray en Charles Eames als blikvanger. Aan de eethoek hangen glasgordijnen die het overvloedige zonlicht zachtjes filteren. Ze vormen de rode draad van dit interieur en creëren een intieme sfeer in elke ruimte.

Ook de materialen die Kim consequent gebruikte, dragen bij tot de rust die de stadswoning uitstraalt. "We hebben gekozen voor tijdloze materialen die je voor het leven hebt, niet voor wat er nu toevallig trendy is", vertelt de architecte. In combinatie met overwegend witte muren bepalen hout en granito afwisselend de sfeer. "Voor de vloer, de tussenwand in de keuken en de badkamer, en zelfs voor het wastafeltje in de wc, koos ik granito. Het geeft harmonie aan het interieur", aldus de architecte. Het rustige kleurenpalet wordt slechts hier en daar onderbroken door sobere, zwarte accenten, zoals de deuren, de haard en de metalen kozijnen. Een rustpunt in de stad.

EN
The rounded corners of the bricks also feature inside. OPPOSITE The partition wall made out of granito distracts the eye from any mess lying around on the kitchen worktop.

NL
De afgeronde hoeken van de bakstenen gevel zie je ook binnen terug. HIERNAAST De tussenwand van granito onttrekt eventuele rommel op het keukenwerkblad aan het oog.

FR
Les courbes de la façade en briques se retrouvent évidemment à l'intérieur. CI-CONTRE Une paroi en granito dissimule l'éventuel désordre en cuisine.

116

117

EN
Different floor heights, low partition walls or low furniture and a solid, partially transparent open fireplace separate the living room into zones.

NL
Verschillende vloerhoogtes, tussenmuurtjes of lage meubels en een massief, deels transparant haardvolume verdelen de grote leefruimte in zones.

FR
Différences de hauteur, parois, murs bas et une large cheminée en partie transparente divisent le séjour en différentes zones.

EN
The bathroom has a granito floor that echoes the one in the kitchen. OPPOSITE The white master bedroom with a touch of pastel colours.

NL
De badkamer kreeg, net zoals de keuken, een granitovloer. HIERNAAST De witte masterbedroom met een vleugje pastel.

FR
La salle de bains a le même sol en granito que la cuisine. CI-CONTRE La chambre principale avec une touche pastel.

FR La maison de rangée que l'architecte belge Kim Willemsen occupait avec sa famille était devenue trop petite. Seul le jardin aurait pu être élargi. Puis un jour, par chance, la parcelle voisine et celle juste derrière furent mises en vente. De quoi bâtir une maison familiale avec espace professionnel, sans quitter ce quartier central de Hasselt qu'elle affectionnait. "J'avais envie d'une maison contemporaine de caractère et néanmoins discrète", explique-t-elle. "Avec une largeur de parcelle de 12 mètres, la façade se devait de ne pas trop trancher avec le reste afin de ne pas altérer l'identité de la rue. C'est pour cela que, à l'instar des maisons voisines, j'ai opté pour la brique." Leur teinte jaune-ocre dégage une douceur qui estompe quelque peu la taille imposante de l'édifice. Les débordements et irrégularités de la façade lui offrent en outre profondeur et légèreté. A l'intérieur, les murs arrondis prodiguent, eux aussi, une impression de douceur toute naturelle, tout en participant à la fluidité de l'espace. Un vide sur deux étages agit comme un gigantesque puits de lumière invitant le soleil au cœur même de la maison. Au pied de celui-ci, Kim s'est créé un coin lecture que le 'Lounge Chair' de Charles et Ray Eames suffit à habiter. Dans la salle à manger, de fins rideaux épousent la courbe du vitrage pour filtrer les rayons du soleil avec délicatesse. On retrouve ces mêmes rideaux dans chaque pièce. Un fil rouge, gage d'intimité.

L'utilisation des matériaux suit partout une même et paisible cohérence. "Aux matériaux tendance, nous avons préféré l'intemporel, pouvant nous suivre toute une vie", explique l'architecte. L'alternance de surfaces en bois et en granito, couplées aux murs blancs, détermine la tranquillité de l'ensemble. "J'ai utilisé le granito aussi bien pour les sols que pour des parois des éléments de cuisine et des sanitaires... Il est pour moi un gage d'harmonie." La sobre continuité de la palette est à peine interrompue quand surgissent ci et là les touches noires des châssis, des portes et du feu de bois... Une zone de repos en pleine ville.

E 11 St
E 12 St
8H94

E 11 St
ONE WAY

In balance

NEW YORK

EN Trying to find an authentic loft that hasn't been renovated in the hip Tribeca area, is like trying to find a needle in a haystack. Søren Rose got extremely lucky. "The place hadn't been touched in 50 years", explains Danish architect-designer enthusiast. The 130 m2, former art studio on the first floor of an old paper factory also has windows on all three sides as well as skylights - unheard of in New York. For Rose, it was the perfect opportunity to design an apartment for himself and his family from scratch that radiates a combination of raw New York industrial atmosphere and his Scandinavian roots. His biggest source of inspiration was... the floor: wide, extra-long, pine wood planks that run through the whole apartment. A no-nonsense material that sets the tone for the rest of the apartment. Glass sliding doors in a steel frame link the big living room to the bedrooms and they let the light through; the exposed steel beams and brick walls hark back to the time when Tribeca was an industrial area.

But the best part about the apartment is its cosy, inviting atmosphere - a Danish hygge feeling. And the big living room plays an important role in this. "In Denmark, everything happens in one place - cooking, studying, working, eating and watching TV. We sit together, but we each do our own thing. I even meet my clients here!", says Søren Rose. The space is organised so that there is enough space for all different activities. Starting with the custom-made Italian marble island in the kitchen where the family gathers for breakfast or a quick lunch. At the long, multipurpose dining table with wooden chairs, designed by Søren's design studio, you are transported straight to Scandinavia. Opposite is the sitting area and TV in the same restful shades as the rest of the room. The partition wall also functions as a fitted cupboard with warm wood cladding. There are also plants everywhere, right into the bedroom: "In a polluted city like New York, we are doing our small part in improving the air quality', says Søren. A practical and relaxing spirit, just like his apartment.

EN
Scandinavia in New York: Søren Rose successfully injected the cosy Danish hygge feeling into an industrial loft. The architect now commutes between New York and Copenhagen that he returned to with his family. he apartment now serves as a pied-à-terre.

NL
Scandinavië in New York: Søren Rose slaagde erin het Deense warme hygge-gevoel in een industriële loftruimte te injecteren. Intussen pendelt de architect tussen New York en Kopenhagen, waarnaar zijn gezin is teruggekeerd, en doet het appartement dienst als pied-à-terre.

FR
La Scandinavie à New York : Søren Rose est parvenu a insuffler le fameux sentiment chaleureux danois de *hygge* dans un loft industriel. L'architecte passe sa vie entre New York et Copenhague, depuis que sa famille y est retournée. L'appartement est désormais un pied-à-terre.

EN
The island in the kitchen also has a travertine tiled floor that fits in perfectly with the wooden floor with extra-wide planks. The stainless steel cupboards and the wall with storage space are custom made in order to save as much space as possible in this apartment for a family of five.

NL
Het kookeiland kreeg om praktische redenen een vloer van travertijn die mooi aansluit bij de houten vloer met extra lange planken. De kasten van roestvrij staal en de wand met opbergruimte zijn op maat gemaakt, om zoveel mogelijk plaats te besparen in dit appartement voor een gezin van vijf.

FR
Pour des raisons pratiques, l'îlot de cuisine est entouré d'un sol en travertin, qui se marie très bien avec le bois du plancher aux lames extra-larges. Les murs d'armoires en inox et bois ont été conçus sur mesure afin d'offrir un maximum de rangements pour la vie à cinq.

EN
In the kitchen, Søren Rose combines cool marble with rough warm bricks. In front of the kitchen island, there are stools made in Denmark.

NL
Søren Rose combineert koel marmer met ruwe warme baksteen in de keuken. Voor het eiland staan krukken van Deense makelij.

FR
En cuisine, Søren Rose a combiné le marbre froid et la brique chaleureuse. Les tabourets sont de fabrication danoise.

The best part about the apartment is its cosy, inviting atmosphere, a Danish hygge feeling.

NL De kans dat je op een authentieke, onverbouwde loft in de hippe wijk Tribeca stoot, is net zo groot als dat je een speld in een hooiberg vindt. Søren Rose is dan ook een zondagskind. "De plek was in geen vijftig jaar meer veranderd", vertelt de Deense architect-designer enthousiast. De 130 m² grote, voormalige kunstenaarsstudio op de bovenste verdieping van een oude papierfabriek heeft bovendien ramen aan drie zijden en daklichten – ongezien in New York. Voor Rose dé kans om, helemaal vanaf nul een appartement voor hem en zijn gezin in te richten dat zowel de rauwe New Yorkse industriële sfeer als zijn Scandinavische roots ademt. Zijn grootste inspiratiebron was... de vloer: brede, extra lange grenenhouten planken die over de hele lengte van het appartement lopen. Een no-nonsensemateriaal dat de toon zet voor de rest van het appartement. De glazen schuifdeuren met een stalen frame verbinden de grote leefruimte visueel met de slaapkamers en laten het licht door; de blootgelaten stalen balken en bakstenen muren herinneren aan de tijd dat Tribeca een industriegebied was.

Maar de grote sterkte van het appartement is de warme, uitnodigende sfeer die er heerst – het Deense hygge-gevoel. En daar heeft de grote leefruimte veel mee te maken. "In Denemarken gebeurt alles op één plek – koken, studeren, werken, eten en tv-kijken. We zitten samen, maar doen allemaal ons eigen ding. Ik vergader hier zelfs met mijn klanten!", zegt Søren Rose. De ruimte is dan ook zo ingericht dat er plaats is voor uiteenlopende activiteiten. Te beginnen bij het op maat gemaakte kookeiland van Italiaans marmer waaraan het gezin ook aanschuift voor het ontbijt of een snelle lunch. Aan de lange, multifunctionele eettafel met houten stoelen, ontworpen door Sørens designstudio, waan je je regelrecht in Scandinavië. Ertegenover bevindt zich de zit- en tv-hoek in dezelfde rustige tinten als de rest van de ruimte. De tussenmuren worden optimaal gebruikt als kastenwand en kregen fronten van warm hout. En overal staan planten, tot in de slaapkamer toe: "In een vervuilde stad als New York helpen alle beetjes om de lucht te zuiveren", zegt Søren. Een praktische en relaxte geest, zoals zijn appartement.

EN
The dining room looks very Scandinavian, thanks to the long wooden table and the chairs by Rose's design studio, which he designed for the brand De La Espada. Above are two of these lamps from the 'Tribeca' collection, for the Danish brand Menu.

NL
De eethoek oogt heel Scandinavisch, dankzij de lange houten tafel en stoelen die Roses designstudio voor het merk De La Espada ontwierp. Erboven hangen twee van zijn lampen uit de 'Tribeca' collectie voor het Deense merk Menu.

FR
La table et les chaises en bois, dessinées par le bureau de Søren Rose pour la marque De La Espada, confèrent une ambiance très scandinave à la salle à manger. Les suspensions 'Tribeca' ont été éditées par la marque danoise Menu.

ARAKI

EN
The steel sliding doors on each side of the sitting room, TV space and office let the light through and ensure there is enough privacy in the bedrooms. The short ends of the cupboard walls are also used as storage space.

NL
De stalen schuifdeuren aan weerszijden van de zit-, tv- en werkhoek laten het licht door en zorgen voor privacy in de slaapkamers. De korte kanten van de kastenwanden worden ook als opberguimte gebruikt.

FR
Des portes vitrées coulissantes séparent chambres et séjour tout en laissant circuler la lumière. La partie latérale du mur d'armoires (à gauche) accueille des rangements supplémentaires.

EN
The entrance to the old paper factory.
View of the children's bedroom.
OPPOSITE Next to the Swedish vintage armchair there is a plant pot that Søren made from the left-over wooden floor.

NL
De ingang van de oude papierfabriek.
Doorzicht naar de kinderslaapkamer.
HIERNAAST Naast de Zweedse vintage fauteuil staat een plantenbak die Søren maakte van de resten van de plankenvloer.

FR
L'entrée de l'ancienne fabrique de papier.
Vue sur l'une des chambres d'enfant.
CI-CONTRE Un fauteuil suédois vintage accompagné d'un bac à plantes réalisé avec les restes du plancher.

FR Chercher un espace loft intact et authentique dans le quartier branché de Tribeca, c'est comme chercher une aiguille dans une botte de foin. Mais Søren Rose a toujours eu la chance avec lui. "Rien n'avait bougé depuis cinquante ans", raconte avec enthousiasme l'architecte et designer danois. Cet ancien atelier d'artiste de 130 m² lové au-dessus d'une ancienne fabrique de papier était en outre vitré sur trois de ses côtés et même doté de fenêtres de toit. Une rareté à New York ! Rose disposait pratiquement d'une page blanche pour créer un appartement familial à mi-chemin entre l'ambiance new-yorkaise brute et industrielle et ses racines scandinaves. Sa plus grande source d'inspiration : le plancher, avec ses larges planches de pin traversant l'appartement de long en long. Un matériau franc et direct qui donne le ton. Les portes vitrées coulissantes aux châssis métalliques, séparant chambres et séjour, laissent circuler la lumière à travers tout l'appartement. Murs de briques et poutrelles d'acier rappellent le passé industriel de Tribeca.

La plus grande force de l'appartement est sans doute son atmosphère invitante et chaleureuse. Ce fameux principe danois de *hygge*. Le grand séjour joue ici un rôle majeur. "Au Danemark, tout se passe dans la même pièce : on cuisine, on étudie, on travaille, on mange, on regarde la télé… Nous sommes tous ensemble, même si chacun vaque à ses occupations. Il m'arrive même de donner rendez-vous à mes clients chez moi", décrit-il.. L'espace a été aménagé de manière à accueillir toutes sortes d'activités en même temps. L'îlot de cuisine en marbre italien voit ainsi la famille se réunir aussi bien au petit-déjeuner qu'à midi. La table à manger et ses chaises en bois, dessinées par le bureau de Søren, vous transportent, quant à elles, en Scandinavie. En face, le coin salon et télé inspire une égale sensation de tranquillité. Chaque paroi de séparation est un mur de rangement aux chaleureuses portes en bois. Et partout, des plantes, jusque dans les chambres : "Dans une ville aussi polluée, elles purifient un peu l'air que nous respirons", conclut Søren. Un homme aussi pratique et détendu que son appartement.

135

EN
The long pine wood floor runs through the bedrooms and adds a feeling of space. The bed is by Rose's design studio for the brand De La Espada.

NL
De meterslange grenen plankenvloer loopt door in de slaapkamers en creëert een gevoel van ruimte. Het bed is een ontwerp van Roses designstudio voor het merk De La Espada.

FR
Le plancher de pin se prolonge jusque dans les chambres, créant une belle sensation d'espace. Le lit est une création du studio de Søren pour De La Espada.

Perfectly baked

| HAARLEM |

EN An enormous, light kitchen, where you can eat and party with lots of people. That is how the interior architect Monique Stevens envisioned this former bakery when she carried out this upbeat conversion. The word 'Bakkery' features on the front of the house, but the property was originally built as a theatre in 1800. It was also used as a cinema until 1929 when it was turned into a bakery with a shop front. "I instantly fell in love with the building, but it would only be spacious enough if I could use the open space, a former community bike shelter as a living area. The local authorities said I wasn't allowed to change the shape of the house. That's why I insulated the roof above the former bike shelter and turned it into my kitchen." Monique worked on it together with her contractor for five and a half months. "It was wonderful to do. I realised more than ever before that a lovely living room is more than just a collection of furniture. The acoustics and the lighting also need to be good and it needs to smell good. That way you create a total experience for all your senses."

Monique spent a long time looking for a good base colour for her new house. "This green-grey colour works magic. Everything that you hang on it, looks better. In addition, it is a perfect colour for transitioning to other colours." Because the four-metre-high kitchen is made out of glass, steel and concrete, she added soft, cosy materials to reduce sound. And she made sure there was enough storage space by creating cupboards that go all the way up to the ceiling. Monique and her family pretty much live in the kitchen, so that also had to be the biggest room. They only sit on the sofa if they are watching TV. The walls, ceiling and skirting-boards in this dark room are painted in a clay colour, which makes it clear that this room has a different function. Where possible, original elements such as the 130-year-old beams in the kitchen, were kept. Skylights let in as much natural light as possible. And that's eco-friendly because with so much natural light, you don't need to put on any lights during the day. "I don't necessarily see eco-friendliness as a limitation, but rather as a challenge that I can solve by using my creativity."

EN
Monique Stevens used the full 4.20 metres of height for her kitchen. The top shelves fulfill the role of cellar and basement. The splashback-effect wall with bronze-coloured tiles have a reflective effect in the right light.

NL
Monique Stevens gebruikte de volledige hoogte van 4,20 meter in haar keuken. De bovenkasten doen dienst als kelder en zolder. De spatwand met bronskleurige tegels spiegelen bij de juiste lichtinval.

FR
La propriétaire Monique Stevens a pleinement utilisé la hauteur de 4 m 20 pour créer sa cuisine. Les armoires supérieures agissent comme une cave ou un grenier. La crédence en carreaux cuivrés agit comme un miroir.

EN
The live-in kitchen with original wooden beams was once a bike shelter. The omnipresent colour of the walls, greige with a hint of green, segues perfectly into other colours. Panton dining chairs, among others, are a perfect match for the table.

NL
De woonkeuken met originele houten balken deed ooit dienst als fietsenstalling. De alomtegenwoordige muurkleur, greige met een zweem groen, vormt een mooie verbinding naar andere tinten. Rond de tafel staan onder meer Panton stoelen.

FR
Cet espace surmonté de vieilles poutres en bois a aussi fait office de garage à vélos. Un même greige teinté de vert argile traverse toute la maison et fait le pont avec les autres teintes. Autour de la table, entre autres, quelques chaises Panton.

EN
View from the kitchen to the lounge and TV room, a small room without daylight. The brick wall was the original back wall of the house.

NL
Doorkijk van de keuken naar de zit- en tv-plek., een kleine ruimte zonder daglicht. De bakstenen muur was de originele achtergevel.

FR
Depuis la cuisine, vue vers le salon coin télé : un espace confiné, sans lumière du jour. Le mur de briques est celui de la façade arrière du corps de logis.

EETCAFE VAN BEEREN

“We have to get back to the essence of living: a place that energises us, where we can wind down and do what we enjoy doing in life”

NL Een enorme, lichte keuken waar je met veel mensen kunt eten en feesten. Dat had binnenhuisarchitect Monique Stevens voor ogen toen ze deze voormalige bakkerij aan een pittige verbouwing onderwierp. Op de gevel staat 'Bakkery', maar het pand van eind 1800 werd gebouwd als theater. Het diende nog even als bioscoop tot het in 1929 een bakkerij met winkelgevel werd. "Ik viel meteen voor het gebouw, maar het zou alleen ruim genoeg zijn als ik het open gedeelte, een voormalige buurtfietsenstalling, als woonruimte kon gebruiken. Van de gemeente mocht ik niet raken aan de vorm van het huis. Daarom heb ik het dak boven de stalling laten isoleren en werd de voormalige fietsenstalling mijn keuken." Vijf en een halve maand was Monique, samen met haar aannemer, bezig. "Heerlijk om te doen. Meer dan ooit realiseerde ik me dat een fijne woonruimte veel meer is dan een verzameling meubels. De akoestiek moet goed zijn, net zoals het licht, en het moet er lekker ruiken. Zo creëer je een totaalbeleving voor al je zintuigen."

Monique zocht lang naar een goede basiskleur voor haar nieuwe woning. "Dit groengrijs heeft een magische werking. Alles wat je er tegenaan hangt, wordt mooier. Bovendien is het een prachtige brug naar andere kleuren." Omdat de vier meter hoge keuken van glas, staal en beton is, voegde ze zachte, verfijnde materialen toe, om galmen te voorkomen. Ook zorgde ze voor voldoende bergruimte door bovenkasten tot aan het plafond te maken. Monique en haar gezin leven zowat in de keuken, dat werd dan ook de grootste ruimte. Op de bank zitten ze alleen wanneer ze tv-kijken. Muren, plafond en plinten van deze donkere tv-kamer kregen een kleitint, die duidelijk maakt dat deze ruimte een andere functie heeft. Originele elementen, zoals de 130 jaar oude balken in de keuken, bleven behouden waar het kon. Lichtstraten creëren een zo natuurlijk mogelijk licht. En dat is duurzaam, want met zo veel natuurlijk licht heb je overdag geen lampen nodig. "Ik zie duurzaamheid dan ook niet als een beperking, maar vooral als een uitdaging die ik met creativiteit kan oplossen."

EN
The hallway. Above the Plywood chair by Charles and Ray Eames there is an art collection, animal photos and pieces by Monique's children.

NL
De hal. Boven de Plywood stoel van Charles en Ray Eames hangt een verzameling kunst, dierbare foto's en werk van Moniques kinderen.

FR
Le hall avec une 'Plywood chair' de Charles et Ray Eames et une collection de photos, d'œuvres d'art et d'œuvres des enfants de Monique.

EN
The walls in the sitting/TV room have been painted a clay colour, to make it clear that the room has a different function. The listed shop front. OPPOSITE The property didn't have a bathroom when they bought it; so, the smallest room on the first floor became the bathroom. They used marble from Spain for the shower.

NL
De muren van de zitkamer hebben een kleikleur, om aan te duiden dat de ruimte een andere functie heeft. De beschermde winkelgevel. HIERNAAST Het pand had bij aankoop geen badkamer; die functie kreeg de kleinste kamer op de eerste verdieping. In de douche is er marmer uit Spanje gebruikt.

FR
Les teintes argile des murs du salon signalent la différence de fonction de cet espace. L'ancienne vitrine de boulangerie désormais classée. CI-CONTRE La maison n'avait pas encore de salle de bains. Celle-ci a été aménagée dans la plus petite pièce du premier étage. La douche est pavée de marbre espagnol.

FR Une énorme cuisine lumineuse où l'on peut manger et faire la fête avec beaucoup de gens ! Telle était l'envie de l'architecte d'intérieur Monique Stevens quand elle a entamé l'ambitieuse rénovation de cette ancienne boulangerie. Une vieille enseigne annonce encore "Boulangerie" en façade, mais cet édifice de la fin du XIXe siècle a tout d'abord été conçu comme un théâtre. Il est ensuite devenu cinéma avant d'être transformé en boulangerie en 1929 et d'hériter de sa vitrine actuelle. "J'ai tout de suite craqué pour cet endroit, tout en me disant que je n'aurai suffisamment de place que si je pouvais intégrer à l'espace de vie l'ancien garage à vélos situé à l'arrière. Mais la municipalité refusait que je change la forme du bâtiment. J'ai donc décidé d'isoler le garage à vélos et d'y installer la cuisine." Pendant cinq mois et demi, Monique a travaillé d'arrache-pied avec son entrepreneur. "C'était très motivant. Je n'avais jamais tant réalisé à quel point un bel espace signifie bien plus qu'une collection de meubles. L'acoustique doit être bonne, mais aussi la lumière, et cela doit sentir bon ! Cela doit être une expérience sensorielle totale."

Monique a longtemps a cherché la couleur de base idéale pour sa maison. "Ce gris-vert est vraiment magique ! Tout ce que vous placez à côté est tout de suite plus beau. Il permet en outre de faire le pont vers d'autres couleurs." Pour contrebalancer le caractère imposant la cuisine en verre, acier et béton haute de près de quatre mètres, Monique a introduit des matériaux doux et délicats. Pour s'assurer suffisamment d'espace de rangement, elle a élevé les armoires jusqu'au plafond. La famille passant le plus clair de son temps en cuisine, il était logique d'en faire la plus grande pièce de la maison. Ils n'investissent le canapé que pour regarder un film. Avec ses murs argile aux teintes plus sombres, ce salon télé affiche d'emblée sa différence. Les éléments originels, telles ces poutres de 130 ans d'âge, ont été préservés partout où c'était possible. Des puits de lumière inondent littéralement l'intérieur. "Ce qui est plus durable également, car l'on a rarement besoin d'éclairer. Je ne vois pas les questions de durabilité comme une restriction. C'est plutôt un défi que je peux relever avec créativité."

EN
No mess around the sink; everything disappears behind the mirrored doors that make the room look bigger. OPPOSITE Monique only used restful shades for the bedroom.

NL
Geen rommel rond de wastafel; alles verdwijnt achter de spiegeldeuren die de kleine ruimte optisch vergroten. HIERNAAST Voor de slaapkamer gebruikte Monique alleen maar rustige tinten.

FR
Dans la salle de bains, produits et ustensiles disparaissent derrière des miroirs coulissants. La pièce paraît ainsi plus grande. CI-CONTRE Monique a eu recours à plusieurs teintes calmes pour sa chambre à coucher.

"The street feels like a village, but it is on the edge of Shoreditch and not far from the City. That combination makes it really interesting."

Welcome to... the **London** of designer **James Shaw**

EN The work of the young British designer **James Shaw** revolves around experiments with materials: from wood shavings and natural resin, he makes stools, he uses a gun to spray recycled plastic to create tables, stools and candlesticks. His work is part of the permanent collection among others of the Vitra Design Museum and the MoMA. Shaw works in South London and lives in Bethnal Green, on the edge of the vibrant, ultra-hip district of Shoreditch in East London.

EN **Where do you live?**
"I live in Columbia Road, a street with Victorian two-storey houses with shops on the ground floor. For the past five years, I have lived above a grocery store. The street feels like a village – everyone knows everyone else – but it is on the edge of Shoreditch and not far from the City. That combination makes it really interesting."

Who lives in your neighbourhood?
"Gentrification started very early here back in the 80s, and drove the original East Enders out to make place for creative Londoners who opened shops and gradually created a hippie-style creative ambiance. But over the last 15 years, the prices have shot up so high that more and more rich people come and settle here."

What goes on in your street?
"The most important attraction here is the Sunday flower market, but it has become the victim of its own success. So many tourists now come here that the original clients, the florists, stay away and sales suffer. During the week it is a really quiet street."

You grew up in Devon, and after graduating, you stayed on here in London. Is it important for a designer to work in the capital?
"For practical reasons, yes. There's an enormous amount going on here in terms of exhibitions and events, which means that I can take advantage of and expand the network that I built up while I was studying."

Has the impending Brexit changed anything?
"Everyone is asking themselves whether they should stay or go. One thing is for sure and that is that the atmosphere in the city has changed. I know that when the Olympic Games took place, London buzzed with ambitious, positive vibes. Today, the place is filled with an air of pessimism."

How do you think the neighbourhood will evolve?
"I think that Shoreditch will grow up and become 'mature', changing from a nightlife area to a more relaxed district. All cities suffer from shifts in their centre of gravity and each generation discovers a new district that becomes the place to be."

Does the district inspire you?
"Not directly, but the fact that I work close to art galleries and creative boutiques, does have an inspiring influence."

The favourite addresses of James Shaw

- Pub **The Royal Oak** in my street, because the ambiance is always terrific.
- Also in my street: the **Pavilion** bakery, for its delicious cake and coffee.
- **Campania Gastronomia** in Ezra Street, I think it's the best Italian restaurant in London.

NL Het werk van de jonge Britse designer James Shaw draait rond materiaalexperimenten: van houtkrullen en natuurlijke hars maakt hij krukken, gerecycleerde kunststof spuit hij met een pistool tot tafeltjes, krukjes, en kandelaars. Zijn werk maakt deel uit van de permanente collectie van o.m. het Vitra Design Museum en het MoMA. Shaw werkt in Zuid-Londen en woont in Bethnal Green, aan de rand van het bruisende, ultrahippe Shoreditch, Oost-Londen.

Waar woon je?
"Ik woon in Columbia Road, een straat met Victoriaanse huizen met twee verdiepingen. Beneden wordt er gewinkeld, boven wordt er gewoond. Ik woon hier zelf sinds vijf jaar boven een kruidenierszaak. De straat voelt heel dorps aan – iedereen kent hier elkaar wel - maar ligt aan de rand van Shoreditch en niet ver van de City en die combinatie maakt haar zo interessant."

Wie woont er in je buurt?
"De gentrificatie vond hier al heel vroeg plaats, namelijk in de jaren '80, en verdreef de oorspronkelijke East Enders om plaats te maken voor creatieve Londenaars die hier een shop openden en een hippie-achtige, creatieve sfeer gaven aan de buurt. Maar de laatste vijftien jaar zijn de prijzen zo de hoogte ingeschoten dat zich hier steeds meer rijke mensen komen vestigen."

Wat valt er te beleven in je straat?
"De belangrijkste trekpleister is de bloemenmarkt op zondag, maar die is het slachtoffer van zijn eigen succes geworden. Er komen zo veel toeristen op af, dat de oorspronkelijke klanten, de bloemisten, wegblijven en er minder verkocht wordt. Door de week is dit wel een rustige straat."

Je bent in Devon opgegroeid en bleef na je studies in Londen hier wonen. Is het als designer belangrijk om in de hoofdstad te werken?
"Om praktische redenen wel ja. Er gebeurt hier enorm veel op het vlak van tentoonstellingen en events en daardoor kan ik het netwerk dat ik opbouwde tijdens mijn studies, nu gebruiken en uitbreiden."

En verandert de nakende Brexit daar iets aan?
"Iedereen stelt zich de vraag of hij moet blijven of niet. Wat zeker is, is dat de sfeer in de stad veranderd is. Ik weet nog dat toen de Olympische Spelen plaatsvonden, Londen gonsde van de ambitieuze, positieve vibes. Nu hangt er een pessimistische sfeer."

Hoe zie je je buurt evolueren?
"ik denk dat Shoreditch zal groeien en 'volwassen' zal worden, van een uitgaansbuurt naar een relaxtere wijk. In elke stad verschuift het zwaartepunt en elke generatie ontdekt weer een nieuwe wijk die the place to be wordt."

Inspireert de wijk je?
"Niet rechtstreeks, maar het feit dat ik vlak bij kunstgaleries en creatieve winkels woon, werkt wel inspirerend."

De favoriete adressen van James Shaw

- Pub **The Royal Oak** in mijn straat, omdat de sfeer er altijd geweldig is
- Ook in mijn straat: bakkerij **Pavilion**, voor hun heerlijk gebak en koffie
- **Campania Gastronomia** in Ezra Street, volgens mij het beste Italiaanse restaurant van Londen.

FR L'expérimentation de matériaux est au cœur du travail du jeune designer britannique **James Shaw** : de copeaux de bois mêlés à de la résine naturelle, il fait des tabourets, et il pulvérise au pistolet du composite synthétique recyclé sur des tables, des tabourets et des chandeliers. Ses pièces ont, entre autres, intégré les collections permanentes du Musée Vitra et du MoMA. Il travaille au sud de Londres mais vit à Bethnal Green, aux confins du quartier branché et foisonnant de Shoreditch, dans l'East End de Londres.

Où habitez-vous ?
"Columbia Road, une rue victorienne dont les maisons à un étage accueillent pour la plupart une boutique au rez-de-chaussée. J'habite ainsi au-dessus d'une épicerie. Cette rue a des côtés très villageois – tout le monde se connaît –, tout en étant à la frontière de Shoreditch et pas très loin de la City. C'est cette combinaison qui la rend si intéressante."

Qui habite ce quartier ?
"La gentrification s'est opérée très tôt, dès les années quatre-vingt, poussant les East Enders d'origine à céder leur place à tous ces créatifs londoniens venus ouvrir ici une boutique et conférer au quartier son ambiance un peu hippie. Ces quinze dernières années, toutefois, les prix ont atteint de tels sommets que ce sont de plus en plus des gens très riches qui viennent s'y installer."

Quel genre d'expérience offrent ces rues ?
"L'attraction principale est le marché de fleurs du dimanche. Mais il est victime de son succès. Il y a tant de touristes que cela rebute les clients d'origine – les fleuristes – et il fonctionne dès lors moins bien. En semaine, la rue est tranquille."

Vous avez grandi dans le Devon et êtes resté à Londres après vos études. Est-il important de vivre dans la capitale quand on est designer ?
"Pour des raisons pratiques, oui. Il se passe énormément de choses ici, des expos et autres événements, où je peux entretenir le réseau de relations tissé pendant mes études et même l'élargir."

L'approche du Brexit y change-t-elle quelque chose ?
"Tout le monde se demande s'il doit rester ou pas. Ce qui est sûr, c'est que l'humeur de la ville a changé. Je me souviens encore des ondes positives et ambitieuses qui animaient la ville au moment des Jeux olympiques. L'atmosphère est désormais pessimiste."

Comment voyez-vous votre quartier évoluer ?
"Je crois que Shoreditch va grandir et passer à l'âge adulte : de quartier festif, il passera au statut de quartier tranquille. Toutes les villes voient se déplacer leur centre de gravité et chaque génération découvre son nouveau quartier incontournable."

Votre quartier vous inspire ?
"Pas directement, mais le fait de vivre à côté de galeries d'art et de boutiques créatives est bien sûr inspirant."

Les adresses de James Shaw dans son quartier

- Le pub **The Royal Oak** dans ma rue, l'ambiance y est toujours folle.
- Egalement dans rue, la boulangerie **Pavilion**, pour ses pâtisseries et son café divins.
- **Campania Gastronomia**, Ezra Street, est pour moi le meilleur restaurant italien de Londres.

Laboratory in the 'City of Light'

| PARIS |

EN A jungle garden in the middle of Paris? Yes indeed. Jean-Christophe Aumas prefers to describe his enormous apartment with its wild garden as a laboratory. "I hate the idea that everything should be fixed to one spot. I need to be able to move furniture around and change colours whenever I feel like it." This is right up his alley, since in everyday life he is an art director with his own office called Singular that specialises in windows and event decoration for luxury brands such as Céline, Dior, Hermès and Galeries Lafayette. It is not surprising that he showcases his unbridled imagination in his house as well. The location is a reflection of everything that he loves: "It is graphic, happy, modern, serene, unexpected and inspiring." The patio - which was just a neglected courtyard - was one of the main reasons that Aumas decided to sell his loft and move to the lively Pigalle neighbourhood. But the metres-high ceilings of the 18th century mansion in which the apartment is situated, the unique parquet flooring and lead windows also made him change his mind.

Short but essential renovation works ensured that the interior is generously bathed in daylight thanks to the new skylight in the living room and the glass doors at the back of the house. In fine weather, they are left wide open so that the lush greenery from outside can spill into the living room. Aumas loves blocks of colour: a lilac wall in the kitchen, a bright green built-in cupboard in the office, brownish-pink shower walls and brownish-red floor tiles in the bathroom all bring the rooms to life whilst remaining functional. Colourful Mediterranean tiles, classic vintage pieces from the 50s, 60s and 70s, modern art picked up in galleries or exhibitions, handmade furniture and finds from Paris' iconic flea markets or second-hand shops are basically spread throughout the different rooms in the house. For Jean-Christophe Aumas they are an infinite source of inspiration for his interior and his work...

EN
In the living room, Jean-Christophe Aumas mixes contemporary design such as the Vincenzo de Cotiis sofa with vintage finds. All over the house there are small graphic touches, like the blue tape that runs from the self-designed mirror onto the fireplace.

NL
In de zitruimte mixt Jean-Christophe Aumas hedendaags design, zoals de bank van Vincenzo de Cotiis, met vintage vondsten. Overal in huis vind je kleine grafische accenten, zoals de blauwe tape die van de zelf ontworpen spiegel over de schouwmantel loopt.

FR
Dans son salon, Jean-Christophe Aumas mêle trouvailles vintage et design contemporain, tel ce canapé de Vincenzo de Cotiis. L'appartement déborde de petits accents graphiques, telles ces bandes adhésives bleues longeant le miroir pour retomber sur la cheminée. Le miroir est une création personnelle.

EN
The jungle garden seems to extend into the house thanks to the open nature of the back wall. The carpet and sofa are set at an angle so that the room looks less static.

NL
De jungletuin lijkt binnen gewoon door te lopen, dankzij de opengewerkte achtergevel. Tapijt en bank staan schuin zodat de ruimte minder statisch oogt.

FR
Grâce à l'ouverture de la façade arrière, le jardin tropical semble déborder vers l'intérieur, Tapis et canapé posés de travers rendent la pièce moins figée.

156

"I chose the colour in the kitchen purely on instinct. Here is the entrance, so something dramatic was fine."

EN
Aumas has a talent for mixing unique objects with different styles. His office/guest room with vintage furniture. OPPOSITE The kitchen/entrance is made of concrete and recycled wood. The lilac wall, vintage light fitting, African stools and vintage finds make this his personal universe..

NL
De woonkamer: Aumas' talent ligt in het mixen van unieke objecten en uiteenlopende stijlen. Zijn bureau/logeerkamer met vintage meubels. HIERNAAST De keuken/ingang van beton en gerecycleerd hout. De lilawand, vintage luster, Afrikaanse krukjes en vintage vondsten maken er zijn universum van.

FR
Le talent d'Aumas réside dans le mélange d'objets uniques et de styles divers. Son bureau/chambre d'amis avec ses meubles vintage. CI-CONTRE La cuisine/entrée en béton et bois recyclé. Mur lilas, lustre vintage, tabourets africains et trouvailles vintage en font son univers.

NL Een jungletuin in hartje Parijs? Het bestaat. Zelf omschrijft Jean-Christophe Aumas zijn riante appartement met wilde tuin nog het liefst als een labo. "Ik haat het idee dat alles een vaste plek heeft. Ik moet meubels en planten kunnen verplaatsen en kleuren kunnen veranderen, wanneer ik daar zin in heb." Een kolfje naar zijn hand, want in zijn professioneel leven runt hij als art director zijn eigen bureau Singular, gespecialiseerd in etalage en event decors voor luxemerken als Céline, Dior, Hermès en Galeries Lafayette. Dat hij zijn ongebreidelde fantasie ook thuis etaleert, mag dan ook niet verrassen. De plek weerspiegelt alles waar hij van houdt: "Het is grafisch, vrolijk, eigentijds, klassiek, sereen, onverwacht en inspirerend." De patio – destijds nog een verwaarloosde binnenplaats - was trouwens een van de belangrijkste redenen waarom Aumas besloot zijn loft te verkopen en te verhuizen naar de levendige Pigallewijk. Maar ook de metershoge plafonds van het 18e -eeuwse hotel particulier waarin het appartement gevestigd is, de authentieke parketvloeren, het lijstwerk en de glas-in-loodramen deden hem helemaal overstag gaan.

Een korte maar noodzakelijke renovatie zorgde ervoor dat het interieur royaal in het daglicht baadt, dankzij het nieuwe bovenlicht in het plafond van de leefruimte en de glazen deuren van de achtergevel. Die staan bij mooi weer open, zodat het weelderige groen van buiten lijkt door te lopen in de woonkamer. Aumas houdt van colour blocking: een lilakleurig muur in de keuken, een felgroene inbouwkast in het bureau, een bruinroze douchewand en bruinrode vloertegels in de badkamer ... De kleuraccenten geven leven aan de ruimtes en bakenen functies af. Kleurige keramiek van mediterrane origine, klassieke vintage stukken uit de jaren '50, '60 en '70, hedendaagse kunstwerken ontdekt in galeries of op tentoonstellingen, artisanale meubels en vondsten van één van Parijs iconische brocantes of tweedehandswinkels staan quasi willekeurig verspreid over de verschillende ruimtes. Voor Jean-Christophe Aumas zijn het onuitputtelijke inspiratiebronnen, voor zijn interieur en zijn werk...

EN
The monumental 18th century entrance. OPPOSITE Soft tints in the guest room with a vintage daybed and art by Jean-Christophe Aumas.

NL
De monumentale 18e-eeuwse entree. HIERNAAST Zachte tinten in de logeerkamer met vintage daybed en kunstwerk van Jean-Christophe Aumas.

FR
L'entrée XVIIIe monumentale. CI-CONTRE Teintes douces dans la chambre avec un *daybed* vintage et une œuvre de Jean-Christophe Aumas.

EN
The stained glass windows in the dining room give it a sort of mystical feel. Aumas combines them with a vintage Danish lamp, Moroccan carpet, seventies chairs and vintage plaster feet: it's ok, you're allowed to laugh.

NL
In de eetkamer zorgen de glasramen voor een bijna mystieke sfeer. Aumas combineert ze met een Deense vintage lamp, Marokkaans tapijt, seventies stoelen en vintage plaasteren voeten: lachen is toegestaan.

FR
Dans la salle à manger, les vitraux assurent une atmosphère quasi mystique. Jean-Christophe Aumas y a adossé une lampe vintage danoise, un tapis marocain, des chaises seventies et des pieds en plâtre. Le rire est permis.

FR Une forêt vierge en plein Paris ? Cela existe. Ce superbe appartement flanqué d'un jardin sauvage, Jean-Christophe Aumas préfère toutefois le qualifier de laboratoire. "Je ne supporte pas l'idée que chaque chose ait 'sa' place. Je dois pouvoir bouger les meubles et changer les couleurs quand j'en ai envie."
Il faut dire que Jean-Christophe Aumas est directeur artistique de sa propre agence, Singular, une agence spécialisée dans la réalisation d'étalages et de décors événementiels pour de géants du luxe comme Céline, Dior, Hermès ou les Galeries Lafayette. Qu'il étale chez lui la même fantaisie débridée n'étonnera personne. Les lieux reflètent tout ce qu'il aime : "C'est graphique, joyeux, contemporain, classique, serein, inattendu et inspirant."

Ce qui l'a motivé à vendre son ancien loft et à venir vivre du côté de Pigalle, c'est tout d'abord ce patio, qui n'était alors qu'une courette négligée. Puis, il y avait les hauts plafonds de cet ancien hôtel particulier du XVIIIe siècle, ses planchers d'origine, ses moulures et vitraux magnifiques. Une rénovation brève, mais indispensable, a permis d'inviter généreusement la lumière à l'intérieur, notamment avec le nouveau lanterneau du salon et les nouvelles portes vitrées à l'arrière. Quand il fait beau, elles restent ouvertes toute la journée et la végétation du dehors fait alors corps avec l'intérieur. Jean-Christophe Aumas est adepte du principe de *colour blocking*, consistant à mêler des couleurs vives et contrastées. Voyez le mur lilas de la cuisine, l'armoire verte du bureau, la douche rose-brun ou les carreaux rouge-brun de la salle de bains. Les couleurs donnent vie aux espaces tout en délimitant les fonctions. Céramiques méditerranéennes colorées, classiques vintage des années cinquante à septante, œuvres d'art contemporaines découvertes en galerie ou en expositions, trouvailles de brocantes ou d'antiquaires parisiens iconiques... tout semble avoir été semé de manière aléatoire à travers chaque pièce de l'appartement. Mais ne vous y trompez pas. Pour Jean-Christophe, il s'agit là de sources d'inspiration inépuisables.

EN
Jean-Christophe Aumas decorated his bedroom with a photo he took himself and a painting by John Armleder above the bed.

NL
In Jean-Christophe Aumas' slaapkamer hangen een zelf gemaakte foto en een doek van John Armleder boven het hoofdeinde van het bed.

FR
Dans sa chambre, Jean-Christophe Aumas a accroché au-dessus de son lit une toile de John Armleder,

A la maniera di

| BRUSSELS |

EN According to the New York Times, Maniera is one of the top 5 new design galleries in the world.. Luckily Amaryllis Jacobs and Kwinten Lavigne don't hold back when it comes to living the life they want: free and relaxed. Their house, which they renovated themselves, is the living proof thereof: a cheerful melting pot filled with objects they designed themselves. The building, a former tailor's workshop, had potential but was far too big for the couple. Kwinten and Amaryllis managed to convince Amaryllis' sister and a friend to buy the apartments overlooking the street. They moved into the outhouse, an industrial space with red tiles, a concrete ceiling and an iron goods lift. "We didn't feel the need to change this. We kept the window frames and we even find them beautiful now", says Amaryllis. Bringing in an architect for the renovation wasn't necessary, so the couple got started on their own. They opted for temporary solutions here and there, but as it often goes, it ended up being more expensive than expected. That's why the kitchen that Kwinten put together ten years ago is still there. The living room on the top floor is a charming collection of plants, books, their daughter's toys, works of art and vintage furniture, the perfect backdrop for the design pieces that the gallery produces.

"We decided that we should be allowed to keep one copy of each design for our own use, because if you dedicate two years of your life to the creation of an object, you automatically have an emotional bond with it. We navigate between architecture, art and design and we love artists who also give their art a functional dimension", explains Amaryllis. For a long time, their own ground floor served as a showroom; three years ago, they opened their own gallery, in the chic Sablon district in the centre of Brussels. "Our life is now divided between our own multicultural neighbourhood in Brussels and the Sablon. It is an incredible luxury. And if we need fresh air and rest, we can head to our chalet in the countryside where we don't even have electricity...

EN
In the living room there are various pieces designed by artists and architects for the design gallery of the owners, like the metal chair by MOS, yellow side table by Productora and 'spotted' stool and grey side table by Jonathan Muecke and a basket by Bijoy Jain (Studio Mumbai).

NL
In de woonkamer van Amaryllis Jacobs en Kwinten Lavigne staan tal van stukken die kunstenaars en architecten voor hun designgalerie ontwierpen, zoals de metalen stoel van MOS, het geel bijzettafeltje van Productora en het 'gevlekt' krukje en grijs bijzettafeltje van Jonathan Muecke, en de mand van Bijoy Jain (Studio Mumbai).

FR
Dans le salon d'Amaryllis Jacobs et Kwinten Lavigne, fondateurs de la galerie Maniera, nous retrouvons diverses pièces signées pour la galerie par des artistes et designers : une chaise métallique de MOS, la table basse jaune de Productora, le tabouret tacheté et la table grise de Jonathan Muecke ou la corbeille de Bijoy Jain (Studio Mumbai).

EN
The living room still has an industrial air to it as the owners have kept the original tiles. The cushions by Marie Mees and Cathérine Biasino for Marie José Van Hee were also designed for the gallery.

NL
De woonkamer ademt dankzij de oorspronkelijke tegels nog dezelfde industriële sfeer als vroeger. De kussens van Marie Mees en Cathérine Biasino voor Marie José Van Hee zijn ook ontworpen voor de galerie.

FR
Avec son carrelage d'origine, le salon respire encore l'ambiance industrielle d'hier. Les coussins de Marie Mees et Cathérine Biasino pour Marie José Van Hee ont également été conçus pour la galerie.

EN
Also, in the living room: this surrealistic stool/lamp by Richard Venlet and a fun piece of furniture with a yellow lamp by Sophie Nys for Maniera. OPPOSITE The self-designed temporary kitchen has been there for ten years now. The concrete ceiling deliberately left unpainted. Kwinten and Amaryllis found the chairs at flea markets.

NL
Nog in de woonkamer: deze surrealistische kruk/lamp van Richard Venlet en een grappig meubeltje met gele lamp van Sophie Nys voor Maniera. HIERNAAST De zelf ontworpen, tijdelijke keuken staat er ondertussen al meer dan tien jaar. Het betonnen plafond werd bewust niet geschilderd. De stoelen vonden Kwinten en Amaryllis op rommelmarkten.

FR
Toujours dans le salon, une lampe/tabouret de Richard Venlet et un minimeuble avec lampe jaune de Sophie Nys, tous deux créés pour Maniera. CI-CONTRE Voilà dix ans déjà que la cuisine bricolée et temporaire est en place. Les plafonds de béton n'ont pas été peints. Kwinten et Amaryllis ont glané leurs chaises en brocante.

“I have never been a fan of lofts even though I must admit that this apartment has actually become a kind of loft”

NL Volgens de New York Times is Maniera een van de vijf beste nieuwe designgaleries ter wereld. Gelukkig weerhoudt dat Amaryllis Jacobs en Kwinten Lavigne er niet van om te blijven leven zoals zij dat willen: vrij en ontspannen. Hun huis, dat ze zelf renoveerden, is het bewijs: een vrolijke meltingpot vol objecten waarvan ze zelf aan de wieg van stonden. Het pand, een voormalig naaiatelier, had potentieel, maar was veel te groot voor het koppel. Kwinten en Amaryllis konden de zus van Amaryllis en een vriendin overtuigen om de appartementen aan de straatkant te kopen. Zelf betrokken ze het achterhuis, een industriële ruimte met rode tegels, betonnen plafond en ijzeren goederenlift. "Hier hoefde voor ons niets te veranderen. Ook de plastic raamlijsten hebben we behouden en vinden we nu zelfs mooi", aldus Amaryllis. Er een architect bij halen voor de renovatie was niet nodig, dus ging het koppel zelf aan de slag. Het stel opteerde hier en daar voor tijdelijke oplossingen, maar zoals dat vaak gaat, bleken die duurzamer dan gedacht. Zo staat de keuken die Kwinten meer dan tien jaar geleden in elkaar knutselde er nog steeds. De woonkamer op de bovenverdieping is een charmant geheel van planten, boeken, speelgoed van hun dochter, kunstwerken en vintage meubilair. De perfecte achtergrond voor het design dat de galerie produceert.

"We hebben onszelf het recht gegeven om één exemplaar van elk ontwerp voor eigen gebruik te houden, want als je twee jaar van je leven aan de ontwikkeling van een object wijdt, krijg je daar automatisch een emotionele band mee. We laveren tussen architectuur, kunst en design en houden vooral van kunstenaars die hun werken ook een functionele dimensie geven", legt Amaryllis uit. Lange tijd diende hun eigen benedenverdieping als showroom want drie jaar geleden openden ze hun eigen galerie, in de buurt van de chique Zavelwijk in het centrum van Brussel. "Ons leven speelt zich nu af tussen onze eigen, multiculturele wijk in Brussel en de Zavel. Dat is een ongelofelijke luxe. En als we behoefte hebben aan gezonde lucht en rust, trekken we naar onze chalet op het platteland, waar we zelfs geen elektriciteit hebben..."

EN
In the indoor courtyard there are some pieces of 'Landscape Study' seating by Bijoy Jain of Studio Mumbai and (in yellow) work by Sophie Nys for Maniera. In the background: a piece by Gabriel Kuri.

NL
Op de overdekte binnenplaats staan het zitmeubel 'Landscape Study' door Bijoy Jain van Studio Mumbai en (in het geel) het werk van Sophie Nys voor Maniera. Op de achtergrond: werk van Gabriel Kuri.

FR
Dans la cour couverte, un siège 'Landscape Study' de Bijoy Jain/Studio Mumbai et, en jaune, une œuvre de Sophie Nys pour Maniera. A l'arrière, une œuvre de Gabriel Kuri.

174

EN
On the self-designed bed there is a throw by Marie Mees and Cathérine Biasino for Marie-José Van Hee. Next to it there is also a chair by Kersten Geers and David Van Severen for Maniera. To the right there is a sitting room with a vintage Scandinavian sofa and side table by the architects devylder vincke taillieu for Maniera.

NL
Op het zelf ontworpen bed ligt een plaid van Marie Mees en Cathérine Biasino voor Marie-José Van Hee. Ernaast een stoel van Kersten Geers en David Van Severen voor Maniera. Rechts, zithoek met Scandinavische vintage fauteuil en bijzettafeltje van architecten devylder vincke taillieu voor Maniera.

FR
Sur le lit de fabrication personnelle, un plaid de Marie Mees et Cathérine Biasino pour Marie-José Van Hee. A côté, chaise de Kersten Geers et David Van Severen pour Maniera. A droite, un coin lecture avec fauteuil scandinave vintage et table basse des architectes devylder vinck taillieu pour Maniera.

EN
The bathroom and bedrooms are located on the ground floor. On the table by Christ & Gantebein for Maniera there is a lamp by Christoph Hefti. OPPOSITE See previous page.

NL
De badkamer ligt op de benedenverdieping, net zoals de slaapkamers. Op het tafeltje van Christ & Gantenbein voor Maniera staat een lamp van Christoph Hefti. HIERNAAST Zie vorige pagina.

FR
La salle de bains, à côté de la chambre au rez-de-chaussée. Sur la table de Christ & Gantenbein (Maniera), une lampe de Christoph Hefti. CI-CONTRE Voir page précédente.

FR Le *New York Times* avait listé Maniera parmi les cinq meilleures nouvelles galeries de design au monde. Pas de quoi pousser Amaryllis Jacobs et Kwinten Lavigne à changer leur mode de vivre : libre et décontracté. Avec sa joyeuse collection d'objets à la création desquels ils ont œuvré, leur maison en est la preuve vivante. Cet ancien atelier de couture, dont ils avaient deviné tout le potentiel, était trop grand pour eux. Aussi ont-ils convaincu la sœur d'Amaryllis et une amied'acheter les appartements situés côté rue, tandis qu'ils investiraient cette arrière-maison aux traits industriels, avec ses carreaux rouges, ses plafonds de béton et son monte-charge en acier. "Il n'y avait pas besoin de changer grand-chose. Nous avons même conservé les châssis en P.V.C., que nous avons fini par trouver beaux", sourit Amaryllis. L'intervention d'un architecte n'étant pas nécessaire, le couple s'est chargé lui-même de la rénovation. Comme cela arrive souvent, plusieurs réalisations, censées être temporaires, se sont révélées plus durables que prévu. La cuisine bricolée il y a une dizaine d'années par Kwinten est ainsi toujours là. Le salon se présente comme un charmant mélange de plantes, de livres, de jouets de leur fille, d'œuvres d'art et de mobilier vintage. Un décor parfait pour les pièces de design produites par la galerie.

"Nous nous sommes donné le droit de conserver un exemplaire de chaque série limitée que nous avons produite. Quand vous passez deux années de votre vie à faire naître un objet, vous développez forcément un lien très émotionnel avec lui. Nous naviguons entre architecture, art et design et nous avons toujours une affection pour les artistes dont les œuvres révèlent une dimension fonctionnelle", explique encore Amaryllis. Dans un premier temps, ce fut leur propre rez-de-chaussée qui servit de showroom à Maniera. Voici trois ans, le couple a ouvert sa propre galerie du côté du Sablon au centre de Bruxelles. "Notre quotidien oscille désormais entre notre quartier, qui est très multiculturel, le chic Sablon et le quartier populaire des Marolles. C'est un vrai luxe. Et quand nous avons besoin de calme et d'air pur, nous nous retirons dans notre chalet à la campagne. Là, il n'y a même pas d'électricité..."

View of the city

| MILAN |

EN As part of her profession, Marta Giardini follows lifestyle trends closely and is even considered an authority, but in her apartment, she doesn't take it too seriously. "It is a bit of a mishmash, but if I look around, my house reflects my personal taste perfectly", she explains. Home is: in Milan, her hometown where she studied architecture at the famous Polytechnic, where she started working for Armani Casa, was one of the founders of a concept store and, after a time in Spain, she finally settled down and opened her own design studio. A few years ago, the designer/trend watcher bought this apartment in an elegant 1920's building. "The Stazione Centrale is just around the corner. It is a pretty busy neighbourhood, but this street is surprisingly quiet. And I have a unique view of one of the countless churches in Milan..."

Before she moved in, the layout of the 150 m² apartment needed to be changed, so it now has a big living rooms with a sitting area and kitchen, and two bedrooms, each with their own bathroom. "I kept as many of the original elements that I found beautiful, like the windows in the living room, as possible. I also wanted to do the same with the parquet flooring, but I had to replace it in places with concrete in the same grey as the walls." Shades of black and white are dominant and are lifted with brightly-coloured accessories. Her interior is based on 'contemporary design classics', like the sofas by fellow citizen Paola Navone, and designs for brands that she worked on at a certain point in her career. "Simply because I am proud of them." However, in the apartment there are also a good number of pieces that Marta collected during her many travels over the years. "The side tables, stools and poufs in all shapes and sizes that are dotted all over the house, are a typical example of this", she says. "I was able to carry most items in hand luggage on the plane." As a through and through Milanese, she was always very happy to come back from her travels to her hometown. "Even though it was just to enhance my interior with different accessories..."

EN
Welcome to Milan! Marta Giardini's apartment has a view of the brick front wall of one of the countless churches in the city. Her collection of sets of scales stands in front of the window that still has the original frames.

NL
Welkom in Milaan! Marta Giardini's appartement biedt uitzicht op de bakstenen gevel van een van de ontelbare kerken van de stad. Voor het raam met origineel kozijn staat haar collectie weegschalen.

FR
Bienvenue à Milan. L'appartement de Marta Giardini offre une vue superbe sur la façade de briques de l'une des innombrables églises de la ville. Devant les fenêtres aux châssis d'origine, une collection originale de balances.

EN
The eclectic living room reflects Marta's taste. Around the steel dining table there are both design classics as well as ethnically inspired chairs. Next to the Italian stainless-steel kitchen, there is a small storage room with antique cupboard doors; she designed the carpet for the brand Zucchi.

NL
De eclectische leefruimte weerspiegelt Marta's smaak. Rond de stalen eettafel staan zowel designklassiekers als etnisch geïnspireerde stoelen. Naast de Italiaanse keuken van roestvrij staal bevindt zich een kleine bergruimte met antieke kastdeuren; het tapijt ontwierp ze voor het merk Zucchi.

FR
Un séjour éclectique à l'image des goûts de Marta. Autour de la table en acier, chaises traditionnelles et classiques du design. A côté de la cuisine italienne en inox, un garde-manger fermé de vieilles portes d'armoire. Le tapis est une création de Marta pour Zucchi.

cuisine

NL Beroepshalve volgt Marta Giardini de woontrends op de voet en wordt ze zelfs een autoriteit genoemd, maar in haar appartement trekt ze zich daar weinig van aan. "Het is een beetje een allegaartje, maar als ik zo om me heen kijk, vat mijn thuis mijn persoonlijke smaak perfect samen", vertelt ze. Thuis is: in Milaan, haar geboortestad waar ze architectuur studeerde aan de beroemde Politecnico, begon te werken voor Armani Casa, aan de wieg stond van een concept store en, na een tussenstop in Spanje, zich definitief vestigde om er haar designstudio te openen. Een paar jaar geleden kocht de ontwerpster-trendwatcher dit appartement in een statig pand uit de jaren '20. "Het Stazione Centrale ligt hier om de hoek. Dit is dus een vrij drukke buurt, maar in deze straat is het opvallend rustig. En ik heb een uniek uitzicht op één van de talloze kerken in Milaan..."

Voor ze er introk, werd de indeling van het 150 m² grote appartement ingrijpend veranderd, zodat het nu uit een grote leefruimte met zithoek en keuken, en twee slaapkamers met elk een badkamer bestaat. "Originele elementen die ik mooi vond, zoals de ramen in de leefruimte en de radiatoren, heb ik waar mogelijk behouden. Dat wilde ik ook doen met de parketvloer, maar die heb ik hier en daar moeten vervangen door gietbeton, dat hetzelfde grijs als de muren kreeg." Wit- en zwarttinten domineren en worden opgelicht door accessoires in felle kleuren. De basis van haar inrichting bestaat uit 'hedendaagse designklassiekers', zoals de zitbanken van stadsgenote Paola Navone, en ontwerpen voor merken waar ze op een bepaald moment in haar carrière bij betrokken was. "Gewoon, omdat ik daar trots op ben." Maar in het appartement staan ook flink wat stukken die Marta verzamelde tijdens de talrijke reizen die ze in de loop der jaren ondernam. "De bijzettafeltjes, krukjes en poefs in alle mogelijke vormen en maten die je hier overal in huis ziet, zijn daar een typisch voorbeeld van", vertelt ze. "De meeste gingen gewoon als handbagage mee op het vliegtuig." Als rasechte Milanese was ze telkens weer dolblij om thuis te komen van haar reizen in haar geboortestad. "Al was het maar om mijn interieur weer uit te breiden met accessoires..."

EN
The grey concrete floor and walls flow beautifully into each other. There are travel souvenirs on the rustic kitchen top.

NL
De grijze betonvloer en -muren vloeien rustig in elkaar over. Op het rustieke keukenblad staan reissouvenirs.

FR
Le gris des murs prolonge celui du sol en béton. Le plan de travail rustique accueille des souvenirs de vacances.

EN
In the living room with original herringbone parquet floors are two sofas by Paola Navone, who Marta worked for, as well as a black 'Carrera' armchair by De Pas, D'Urbino & Lomazzi. The hanging lamp was made by Marta's father to her design. The metal travel suitcase, side tables and poufs are travel souvenirs and add a touch of colour.

NL
In de leefruimte met origineel visgraatparket staan twee zitbanken van Paola Navone, voor wie Marta nog gewerkt heeft en de zwarte fauteuil 'Carrera' van stadsgenoten De Pas, D'Urbino & Lomazzi. De hanglamp is het werk van Marta's vader, naar haar ontwerp. De metalen reiskoffers, bijzettafeltjes en poefs zijn reissouvenirs en zorgen voor kleuraccenten

FR
Sur le parquet à bâtons rompus d'origine, deux canapés de Paola Navone avec qui Marta a travaillé. Fauteuil noir 'Carrera' du trio milanais De Pas, D'Urbino & Lomazzi. La suspension, dessinée par Marta, a été réalisée par son père. Les souvenirs de voyages – valises métalliques, tables basses et poufs... – assurent quelques accents colorés.

"For me, the most important thing is creating a safe, dreamlike place, a cocoon where you can recover from the stress of the day"

EN
Marta found the hand-sculpted wooden wardrobe that is in the hallway in Bali. Part of the inner doors and cupboards were replaced by copies made in stainless steel or black metal.

NL
De handgesneden houten kleerkast in de gang vond Marta in Bali. Een deel van de bestaande binnendeuren en kasten werd vervangen door exemplaren van roestvrij staal of zwart metaal.

FR
Marta a déniché ce vestiaire en bois sculpté à Bali. Plusieurs portes et parois ont été remplacées par des châssis vitrés métalliques, noirs ou en inox.

EN
The entrance hall, with still life wooden mushrooms under a blingbling mirror. OPPOSITE In the guest room with sliding door the futon - rolled up here – acts as the guest bed. Marta designed the cushions for Zucchi.

NL
De ingang, met stilleven van houten paddenstoelen onder een blingbling spiegel. HIERNAAST In de logeerkamer met schuifdeur doet een - hier opgerolde - futon dienst als logeerbed. De kussens ontwierp Marta voor Zucchi.

FR
Nature morte avec champignons en bois sous un miroir bling-bling dans l'entrée. CI-CONTRE La chambre d'amis avec son futon enroulé et ses portes coulissantes. Coussins de Marta Giardini pour Zucchi.

FR Dans son métier, Marta Giardini ne passe jamais à côté de la moindre tendance et elle fait même figure d'autorité en la matière. Mais chez elle, il semble en aller autrement. "Cela peut paraître incohérent, mais si je regarde autour de moi, j'ai l'impression que mon appartement résume parfaitement mes goûts", dit-elle. Marta est née à Milan, où elle a étudié au célèbre Politecnico. Elle a débuté sa carrière chez Armani Casa, avant de lancer un concept store, puis de faire un détour par l'Espagne et de revenir dans sa ville natale pour fonder son propre studio. Il y a quelques années, la créatrice *trendwatcheuse* a acheté cet appartement situé dans un grand immeuble des années vingt. "La gare centrale est à deux pas. Le quartier est donc assez animé, mais ma rue est étonnamment calme. Je profite en outre d'une très belle vue sur l'une des nombreuses églises de la ville..."

Avant d'emménager, elle a entièrement remanié ces 150 m² pour créer un grand séjour avec salon et cuisine, ainsi que deux chambres avec salle de bains. "J'ai tenté de conserver autant que possible les éléments d'origine qui me plaisaient, tels les châssis du séjour et les radiateurs. Une partie du plancher était toutefois irrécupérable et a été remplacée par du béton coulé. Avec le même gris que les murs !" Les teintes sombres dominent l'appartement, mais se voient illuminées par les couleurs vives des accessoires. La base du décor est constituée de quelques "classiques contemporains", comme les canapés signés par une autre Milanaise, Paola Navone, et de divers meubles édités par des marques avec lesquelles elle a travaillé à un moment ou l'autre de sa carrière. "Simplement, j'en suis fière !" L'appartement regorge également d'objets rapportés de ses nombreux voyages. "Les tables basses, poufs et tabourets de toutes les tailles et de toutes les formes sont un bon exemple. J'ai pu ramener la plupart d'entre eux simplement moi-même en tant que bagage à main", dit-elle encore. En authentique milanaise, elle était à chaque fois heureuse de revenir au bercail. "Ne serait-ce que pour agrémenter mon intérieur de ces nouveaux atouts..."

EN
The Zen bathroom has a concrete floor and walls in the same colour.

NL
De zen badkamer heeft een betonvloer en wanden in dezelfde tint.

FR
Dans la salle de bains zen, on retrouve le même gris aux murs et sur le sol en béton.

EN
In Marta's bedroom, the headboard of the bed comes from Bali. She designed the bed linen for Zucchi and Coin Casa, she found the other furniture and accessories on her travels.

NL
In Marta's slaapkamer steelt het hoofdeinde uit Bali de show. Het bedlinnen ontwierp ze voor Zucchi en Coin Casa, de overige meubels en accessoires vond ze op haar vele reizen.

FR
Une tête de lit ramenée de Bali donne son caractère à la chambre de Marta. Les draps sont des créations de Marta pour Zucchi et Coin Casa. Les autres meubles et accessoires ont été ramenés de voyages.

193

Waterproof

| AMSTERDAM |

EN For an interior designer, designing your own house is perhaps the biggest challenge you may face. When Carlijn Kriekaard and John Maatman were designing their floating home, they needed to keep one thing in mind: "It needed to be able to get through the locks". The boat was built in a different location to its final berth in North Amsterdam. "In order to move such a big object, the conditions needed to be perfect, with not too much wind or swell. If you see all your property and possessions sailing past, your heart stops beating for a second. It measures a whopping 7 x 10m and is 9m high. In total 330 m², spread across three floors. Each of the three floors has a centrally placed skylight. That way the daylight can reach the bottom floor which is under the waterline. The two daughters' bedrooms are downstairs, and above there is a charming kitchen with a dining area and sitting room. On the top floor there is the design studio and the adults' bedroom.

Despite the huge dimensions of the floating home, you don't feel lost at any point. Carlijn: "We spent a lot of time thinking about where we would place windows and walls, playing around with creating space and a sense of security. Just like with all of the other Bearandbunny design studios, the materials the duo use are inspired by the surroundings. The ash wall and ceiling cladding is a tribute to the forest next to the house. In addition, the island in their kitchen and the bathroom furniture are made out of polyester, a popular material with boat builders. What is really uncommon for a floating home are the intermediate floors in concrete, which is something that John wanted. "It is not only the most beautiful option; it also guarantees that the floating house doesn't rise up too high because with its large dimensions it is very buoyant." The house is furnished with the couple's vintage collection, each one with its own story to tell. What is most noticeable are the peace and nonchalance that exude from the interior design. "This place gives you a feeling of freedom. We've become used to the neighbour swimming over to our place to sit on the terrace and drink a cappuccino in his swimming trunks."

EN
Interior designer John Maatman in his office and think tank. The bronze colour of the window frames makes the transition from interior to exterior a gentle experience. The storage shelves are spray-painted grey so that they fit in better with the rest of the interior.

NL
Interieurontwerper John Maatman in zijn werk- en wegdroomplek. De bronskleur van de aluminium kozijnen zorgt voor een zachte overgang tussen binnen en buiten. De stellingkasten zijn grijs gespoten zodat ze beter bij de rest van het interieur passen.

FR
Le créateur d'intérieurs John Maatman dans son lieu de travail et de rêverie. La teinte bronze des châssis en aluminium assure un lien visuel plus doux avec l'extérieur. Les étagères métalliques ont été peintes d'un gris clair qui les intègre parfaitement à l'intérieur.

EN
There is a beautiful collection of Dutch vintage items in the living room, including a Patoe wardrobe and an Artifort armchair. Carlijn and John found that the ash cladding would look good in a boat. With a special matt coating, it will not turn yellow over time.

NL
In de zitkamer staat een fraaie verzameling Nederlands vintage, waaronder een wandkast van Pastoe en fauteuils van Artifort. Carlijn en John vonden de bekleding van essenhout passend voor een boot. Door een speciale matte coating vergeelt ze niet.

FR
Dans le salon, une belle collection de vintage néerlandais, dont une armoire de Pastoe et des fauteuils Artifort. L'idée des plafonds et murs en frêne semblait parfaite pour un bateau. Un enduit mat particulier empêche leur jaunissement.

EN
The middle floor has a living room and a dining room and - just a bit higher - an open kitchen in polyester, ash and steel, designed by the residents. John won the green Penguin armchair by Artifort in a raffle.

NL
Het tussenvolume omvat de woon- en eetkamer en de iets hoger gelegen, open keuken van polyester, essenhout en staal, een ontwerp van de bewoners. John won de groene Artifort Pinguïn fauteuil in een loterij.

FR
Le niveau intermédiaire accueille le salon et la salle à manger, ainsi que, légèrement surélevée, la cuisine ouverte en frêne, polyester et acier, créée elle aussi par John et Carlijn. John a gagné le fauteuil vert 'Pinguïn' d'Artifort à une loterie.

EN
The dining area with a view of the water. The big table was a gift from Carlijn's parents, around the table are vintage Eames chairs. OPPOSITE In the middle of the bottom floor there is an office that John made himself, with a vintage Eames chair.

NL
De eethoek met uitzicht op het water. De grote tafel is een cadeau van Carlijns ouders, errond staan o.m. vintage Eames-stoelen. HIERNAAST In het midden van de benedenverdieping staat een door John getimmerde werkplek met vintage Eames stoel.

FR
Le coin salle à manger avec vue sur l'eau. La grande table est un cadeau des parents de Carlijn. Autour, notamment, quelques chaises Eames vintage. CI-CONTRE Au centre du niveau inférieur, un bureau conçu par John, avec aussi une chaise Eames vintage.

EN
This idyllic part of Amsterdam was no stranger to the family because good friends once lived there. The floating house is made up of three vertical units and is equipped with a heat exchange pump and solar panels.

NL
Het gezin kende dit idyllische stukje Amsterdam al omdat goede vrienden er woonden. De woonark bestaat uit drie op elkaar gestapelde volumes en werd voorzien van een warmtepomp en zonnepanelen.

FR
La famille connaissait ce coin idyllique d'Amsterdam car des amis y vivaient. Leur arche consiste en trois volumes empilés. Elle est équipée de panneaux solaires et d'une pompe à chaleur.

“Instead of a white sheet of paper, we had a surface of water, but the effect was the same: we had a completely free hand for the design”

NL Voor een interieurdesigner is een eigen huis inrichten misschien wel de grootste uitdaging. Bij het ontwerpen van hun woonark moesten Carlijn Kriekaard en John Maatman van designstudio Bearandbunny in ieder geval rekening houden met één aspect: “Hij moest door de sluizen kunnen.” De boot werd immers op een andere plek gebouwd dan zijn definitieve ligplaats, in Amsterdam-Noord. “Om zo'n groot object te verslepen moesten de omstandigheden perfect zijn, met weinig wind en golfslag. Als je je hele hebben en houden voorbij ziet varen, hou je je hart wel even vast.” Het gevaarte meet dan ook zeven bij achttien meter en is negen meter hoog. Samen 330 m², verdeeld over drie bouwlagen. De drie volumes zijn met een lichtschacht doormidden gedeeld. Zo bereikt het daglicht ook de verdieping onder de waterlijn. Beneden zijn de slaapkamers van de twee puberdochters, erboven bevinden zich een riante keuken met eetgedeelte en een zitkamer. Op de bovenverdieping liggen de ontwerpstudio en de masterbedroom.

Maar ondanks de enorme afmetingen van de woonark voel je je nergens verloren. Carlijn: “We hebben goed nagedacht over de plek van de ramen en tussenwanden, het spelen met ruimtelijkheid en geborgenheid.” Net als in alle andere projecten van Bearandbunny liet het duo zich voor de materialen inspireren door de omgeving. Zo refereert de wand- en plafondbekleding van essenhout aan het bos naast het huis en zijn het kookeiland en de badkamermeubels gemaakt van polyester, een populair materiaal onder botenbouwers. Heel ongebruikelijk op een woonboot zijn de betonnen tussenvloeren, een wens van John. “Dat is niet alleen het mooist, ze zorgen er ook voor dat de ark niet te hoog komt te liggen omdat hij door zijn grootte zo'n hoog drijfvermogen heeft.” Het huis werd ingericht met de verzameling vintage van het stel. Zo heeft elk object een verhaal.. Het opvallendst is de rust en de nonchalance die het interieur uitstraalt. “Deze plek geeft zo'n gevoel van vrijheid. We kijken niet meer vreemd op als de buurman even langs zwemt om bij ons op het terras een cappuccino te drinken in zijn zwembroek.”

EN
The central staircase is the floating home's light shaft and connects all three floors.

NL
Het centrale trappenhuis vormt de lichtschacht van de woonark en verbindt de drie volumes met elkaar.

FR
Au centre, la cage d'escalier agit comme un puits de lumière géant et relie les trois niveaux de l'arche.

EN
The adults' bedroom is on the top floor and has views over the forest next to the floating home. OPPOSITE The polyester sink in the bathroom was designed by the owners.

NL
De masterbedroom op de bovenste verdieping, met uitzicht op het bos naast de woonark. HIERNAAST Het polyester wastafelmeubel in de badkamer is een eigen ontwerp.

FR
La chambre parentale, au niveau supérieur, avec vue sur la forêt voisine. Ci-CONTRE Le meuble de salle de bains en polyester, autre création maison.

FR Concevoir sa propre maison est peut-être le plus grand défi à relever pour des architectes (d'intérieur). En dessinant leur arche familiale, Carlijn Kriekaard et John Maatman du studio Bearandbunny avaient à tenir compte d'un paramètre essentiel : "Elle devait pouvoir passer les écluses." L'édifice serait en effet construit loin de son emplacement définitif à Amsterdam Nord. "Déplacer un objet d'une telle taille requiert en outre des conditions optimales. Peu de vent, peu de vagues. Quand vous le voyez enfin naviguer devant vous, vous retenez votre souffle." Cette maison flottante mesure pas moins de dix-huit mètres de long sur sept de large... et neuf de haut ! Quelque 330 m² repartis sur trois niveaux. Ceux-ci sont traversés par un large vide invitant la lumière jusqu'à l'étage inférieur, sous le niveau de l'eau. En bas sont aménagées les chambres des deux du filles du couple, adolescentes. L'étage intermédiaire accueille une grande cuisine avec coin à manger ainsi que le salon. Au niveau supérieur, Carlijn et John ont installé leur chambre, ainsi que leur studio.

En dépit de son caractère énorme, l'arche n'induit jamais le sentiment d'y être perdu. Carlijn : "Nous avons mûrement réfléchi à l'emplacement de chaque fenêtre et de chaque paroi, à l'alternance entre ouverture et intimité." Comme à son habitude, le duo s'est inspiré de l'environnement direct dans son choix des matériaux. Le frêne appliqué aux murs et aux plafonds est un clin d'œil à la forêt juste à côté. L'îlot de cuisine et le mobilier de la salle de bains ont eux été réalisés en polyester, un matériau très populaire sur les bateaux. Moins conventionnel, le choix de John pour des planchers en béton. "C'était non seulement esthétique mais aussi pratique : sa flottabilité permettait d'éviter que l'arche soit trop haute." Un bel ensemble de meubles vintage, tous avec une histoire et patiemment collectionnés par le couple, participe au calme et à la nonchalance des lieux. "Vivre ici nous prodigue une sensation de liberté. On ne s'étonne pas lorsque le voisin arrive chez nous à la nage, pour boire un cappuccino en maillot sur la terrasse."

Resting point

UDINE

EN A wild forest in the middle of the city, with a hill and a valley where once a river flowed. "When I saw it, I immediately knew that I wanted to live here, that I wanted Patricia Urquiola to build my house, and that the surrounding had to be left untouched." These are the words of Patrizia Moroso, who lives in Udine in Northern Italy with her husband and three children. In the 1980s, she became the creative director of her parents' company of the same name. Under her leadership, a distinct, innovative design language evolved, in which colourful often African designs, round, organic lines and a genuine interest in craftsmanship play an important role. Her house is full of prototypes, exclusive editions but also "failed" furniture that did not pass the quality control in the factory. The African influence did not just come out of the blue: Moroso's husband, the artist and designer Abdou Salam Gaye, was born in Senegal. There was no questioning that the assignment for this house would go to her friend Patricia Urquiola. The inspiration for the colours and the exterior of the house came from a joint trip to Australia, where the almost black leaves of the beech trees and the yellow and red of the changing colours of oak leaves immediately appealed to them.

The tree-covered slope of the plot of land was included in the building plans, so that you can now look straight into the treetops from the upper floor. The large windows bring the outside world indoors and the walls form a protective shell. In addition to new design and African sculptures the house is also adorned with a lot of antiques from China, Tibet and India that Patrizia brought back with her from her travels. "To remind me that nothing is eternal and that time leaves its mark." The leading role is given to colour. It provides rhythm, determines the layout, sometimes draws attention, then steps back modestly. Patrizia sees it as her mission to discover new talent, and that is also reflected in her interior. And although most new projects leave the factory in series, there are also designs that never get further than the walls of this house. Moroso seating furniture for Patrizia herself, from where she can look at "her" forest.

EN
Colour adds rhythm to the home of Patrizia Moroso. In one of the sitting areas of the house you will find a modular pouf and chair by Moroso, an art photo in a light box by Fathi Hassan and a sculpture by Dragana Sapanjos.

NL
Kleur geeft ritme aan het huis van Patrizia Moroso. In een van de zithoeken van het huis vind je een modulaire poef en stoel van Moroso, een kunstfoto in een lichtbox van Fathi Hassan en een sculptuur van Dragana Sapanjos.

FR
La couleur rythme la maison de Patrizia Moroso. Dans ce salon, pouf modulaire et une chaise Moroso, photo de Fathi Hassan dans un cadre lumineux et sculpture de Dragana Sapanjos.

EN
Patrizia is surrounded by Moroso furniture, which is her own brand, as well as artworks by her husband, such as the large painting at the back. The hanging lamps are from her friend, the designer-architect Patricia Urquiola, who also designed her house.

NL
Patrizia laat zich omringen door meubels van haar eigen merk, Moroso, en kunstwerken van haar man, zoals het grote doek achteraan. De hanglampen zijn van haar vriendin, designer-architecte Patricia Urquiola, die ook het huis ontwierp.

FR
Patrizia aime s'entourer de meubles de sa propre marque et d'œuvres de son mari Abdou Salam Gaye. Les suspensions, de Moroso également, sont l'œuvre de son amie designer Patricia Urquiola, par ailleurs architecte de la maison.

213

EN
The living room, a mix of Moroso furniture, antiques from China, Tibet and India and works by Patrizia's husband and artist friends. The red floor is the colour of African soil, a shade that reappears in the garden and on the window frames.

NL
De woonkamer, een mix van Moroso-meubels, antiek uit China, Tibet en India en werken van haar man en bevriende kunstenaars. De rode vloer heeft de kleur van Afrikaanse aarde, een tint die terugkeert in de tuin en op de kozijnen.

FR
Le salon mêle meubles Moroso, antiquités de Chine, du Tibet et du Népal, des œuvres de son mari et d'autres amis. Le rouge du sol renvoie à la terre en Afrique. Une teinte que l'on retrouve sur les châssis et dans le jardin.

217

EN
Patrizia Moroso in a batik armchair and "Fjord" pouf by Patricia Urquiola. The colour of the house is partly based on the dark leaves of the beech tree in the garden. OPPOSITE Red and black appear everywhere in the house and act as symbols for Moroso and Gaye.

NL
Patrizia Moroso in een batik-versie van fauteuil en poef 'Fjord' van Patricia Urquiola. De kleur van het huis is deels gebaseerd op de donkere bladeren van de beuk in de tuin. HIERNAAST Rood en zwart keren overal terug in huis en staan symbool voor Moroso en Gaye.

FR
Patrizia Moroso dans un fauteuil 'Fjord' de Patricia Urquiola, couvert d'un batik. Les couleurs de la maison sont basées sur les teintes foncées des feuilles des hêtres du le jardin. CI-CONTRE Rouge et noir reviennent sans cesse : un symbole du couple Moroso Gaye.

“The leading role is given to colour. It provides rhythm, determines the layout, sometimes draws attention, then steps back modestly”

NL Een verwilderd woud, midden in de stad, met een heuvel en een dal waar ooit een riviertje stroomde. "Toen ik het zag, wist ik meteen dat ik hier wilde wonen, dat ik mijn huis zou laten bouwen door Patricia Urquiola en dat de omgeving onaangetast moest blijven." Aan het woord is Patrizia Moroso, die met haar man en drie kinderen in het Noord-Italiaanse Udine woont. In de jaren '80 trad ze aan als creatief directeur bij het gelijknamige bedrijf van haar ouders. Onder haar leiding werd er een uitgesproken, vernieuwende vormentaal ontwikkeld, waarin vaak kleurige, veelal Afrikaanse dessins, ronde, organische lijnen en een oprechte interesse in vakmanschap een belangrijke rol spelen. Haar huis staat dan ook vol prototypes, exclusieve edities maar ook 'mislukte' meubels die niet door de kwaliteitscontrole in de fabriek raakten. De Afrikaanse invloed komt ook niet uit de lucht vallen: Moroso's echtgenoot, kunstenaar en ontwerper Abdou Salam Gaye, werd geboren in Senegal. Dat de opdracht voor dit huis naar haar vriendin Patricia Urquiola zou gaan, stond vast. De inspiratie voor de kleuren van de buitenkant haalden ze uit een gezamenlijke reis naar Australië, waar de bijna zwarte bladeren van de beukenbomen en het geel en rood van verkleurende eikenbladeren hen onmiddellijk aanspraken.

De beboste helling van het perceel werd onderdeel van het bouwplan, waardoor je nu vanaf de bovenverdieping recht in de boomtoppen kijkt. De grote ramen halen de omgeving binnen, terwijl de wanden een beschermende schil vormen. Behalve nieuw design en Afrikaanse beeldhouwkunst staat er ook veel antiek uit China, Tibet en India, dat Patrizia meebracht van haar reizen. "Om me eraan te herinneren dat niets eeuwig is en dat de tijd zijn sporen achterlaat." De hoofdrol is toebedeeld aan kleur. Die zorgt voor ritme, bepaalt de indeling, trekt nu eens de aandacht, treedt dan weer bescheiden terug. Patrizia ziet het als haar missie om nieuw talent te ontdekken, en ook dat zie je terug in haar interieur. En hoewel de meeste nieuwe projecten de fabriek in serie verlaten, zijn er ook ontwerpen die nooit verder komen dan hier. Moroso-zitmeubelen voor Patrizia zelf, vanwaar ze naar 'haar' bos kan kijken.

EN
The custom-made kitchen on the first floor is separated from the balcony (with "Husk" armchair by Moroso) by a sliding glass door.

NL
De op maat gemaakte keuken op de verdieping is door een glazen schuifdeur gescheiden van het balkon, waar de fauteuil 'Husk' van Moroso staat.

FR
La cuisine, conçue sur mesure, et le balcon sont séparés d'une porte vitrée coulissante. Fauteuil 'Husk', Moroso.

EN
The tall black "Shadowy" armchair is one of the first models of Moroso's M'Afrique collection, which Patrizia created together with her husband. The collection is produced by 30 artisans from Dakar.

NL
De hoge zwarte fauteuil 'Shadowy' is een van de eerste modellen van Moroso's M'Afrique-collectie, die Patrizia samen met haar man bedacht. De collectie wordt gemaakt door dertig vakmensen uit Dakar.

FR
Le haut fauteuil noir 'Shadowy' est l'un des premiers modèles de la collection M'Afrique élaborée par Patrizia et son mari et fabriquée par trente artisans de Dakkar.

FR Une forêt sauvage en pleine ville, une petite colline et une vallée où jadis coulait un ruisseau. "Quand j'ai vu cela, j'ai su que je voulais y vivre, que Patricia Urquiola dessinerait la maison et que la nature resterait intacte." Patrizia Moroso habite avec son mari et leurs trois enfants à Udine, au nord de l'Italie. Dans les années 1980, Patrizia accède à la direction artistique de la firme éponyme de ses parents. C'est sous sa houlette que la marque a développé ce langage formel si particulier, innovant et expressif, nourri de dessins colorés, souvent d'inspiration africaine, riche en courbes et lignes organiques, le tout avec une grande attention accordée au travail artisanal. Sa maison est pleine de prototypes, d'éditions limitées ainsi que de meubles "ratés" ayant failli au contrôle qualité des ateliers de Moroso. L'influence de l'Afrique n'est pas un hasard : Patrizia est mariée au sculpteur et créateur sénégalais Abdou Salam Gaye. Que l'architecture de la maison ait été confiée à Patricia Urquiola n'est pas non plus une surprise. Patrizia et Patricia sont de grandes amies. Les couleurs extérieures de la maison sont d'ailleurs inspirées d'un voyage qu'elles ont effectué ensemble en Australie, où elles ont été touchées par les feuilles presque noires des hêtres et les jaunes et les rouges des feuilles de chênes à l'automne.

L'architecture a totalement intégré la pente boisée de la parcelle, et l'étage fait directement face à la cime des arbres. Les grandes fenêtres happent la nature à l'intérieur, tandis que les murs forment un cocon protecteur. Le décor convoque design contemporain et sculptures africaines, mais aussi des antiquités chinoises, tibétaines et indiennes rapportées de voyages par Patrizia. "Elles me rappellent combien rien n'est éternel et que le temps laisse des traces." Les couleurs jouent en tout état de cause le premier rôle. Elles structurent l'espace et le rythment. Elles attirent l'attention pour ensuite susciter une sensation de calme. Professionnellement, Patrizia s'est donné pour mission de découvrir de nouveaux talents. Il en va de même dans son intérieur. On trouve chez elle également des meubles intéressant qui, pour une raison ou l'autre, n'ont jamais atteint le stade de la production. Des meubles Moroso dont elle est la seule à profiter… et d'où elle aime observer "sa" forêt.

EN
In Patrizia's bedroom, a limited patchwork edition of Patricia Urquiola's "Bloomy Chair". Another unique piece is the "Antibodi" chair in African waxed fabrics, another design by Urquiola.

NL
In Patrizia's slaapkamer staat de 'Bloomy Chair' van Patricia Urquiola in een gelimiteerde patchworkversie. Een ander uniek stuk is de 'Antibodi' stoel in Afrikaanse waxstoffen, ook een ontwerp van Urquiola.

FR
Dans la chambre principale, une 'Bloomy Chair' de Patricia Urquiola en version patchwork et édition limitée. Autre rareté, la chaise 'Antibodi' (d'Urquiola également) en version wax.

Just like in the film

ANTWERP

EN Geert Prinsmel is a set designer and Joke Vanden Abeele is a props manager. Two jobs in the film world where you need to have an eye for detail as well as patience. These two character traits were useful when it came to renovating their home, a former industrial laundry dating back to 1904 in the suburbs of Antwerp. "We knew pretty much straight away that we would live on the ground floor and rent out the three apartments upstairs", explains Joke. "But with this kind of project you start from the top and work your way down. In the meantime, we were already living here and so it was a bit of camping and improvising. Admittedly we got some help from an architect friend of ours, but we still did a lot ourselves."

Two years ago, when Joke was heavily pregnant with their daughter Dot, they moved into the ground floor. "We are living temporarily in our kitchen with an adjoining sitting room overlooking the street", explains Joke. "We opened up the outside wall and put a big window in it, so that we get a lot more light inside now. And once we got rid of the false ceiling, we saw that there would be enough room for a middle floor, which now accommodates the bedroom and bathroom. The long-term plan is to remove the former workshop behind the building and make space for a garden, and eventually the plan is that we will move into the outbuilding behind the property. The part that we are currently living in will probably turn into an office or a guest house." Although their home is still a work in progress, Geert and Joke have managed to turn the small space that they have into a very personal space. "Geert has an eye for architectural details", says Joke. "For example, he welded all of the doors and windows himself. For my work I often spend my time online hunting for second-hand furniture and accessories. We don't have a specific style, it just kind of needs to work all together. Besides, I like changing the interior regularly. As you can see, the end isn't yet in sight..."

EN
Thanks to the floor-to-ceiling window, the lighting in this former laundry is perfect. Geert and Joke don't have a specific style; they combine modern items with vintage finds, or items that they used on film sets, like the chandelier.

NL
Dankzij de opengewerkte gevel is de lichtinval in deze voormalige wasserij nu optimaal. Een specifieke stijl hebben Geert en Joke niet. Ze combineren nieuw met vintage vondsten of spullen die ze op de filmset hebben gebruikt, zoals de luster.

FR
Geert et Joke habitent une ancienne blanchisserie. La façade a été légèrement transformée pour agrandir les fenêtres et faire entrer plus de lumière.
Le couple dit ne pas avoir de style de prédilection. Ils combinent éléments neufs et vintage avec des choses récupérées sur des tournages de film, tel ce lustre.

226

EN
A view from the sitting room to the kitchen and the middle floor with a bedroom and bathroom. Yellow 'Mushroom' armchair by Pierre Paulin draws the eye.

NL
Zicht vanuit de zithoek op de keuken en op de tussenverdieping met slaap- en badkamer. De gele fauteuil 'Mushroom' van Pierre Paulin trekt alle aandacht.

FR
La cuisine et la chambre en mezzanine vues depuis le coin salon. Le fauteuil jaune 'Mushroom' de Pierre Paulin attire toute l'attention.

EN
Joke was given the green Cubex cupboards, a 1930 design by Belgian architect Louis-Herman De Koninck, as a gift from a family member. Geert hung things on the walls at random. OPPOSITE They don't only eat at the kitchen bar, they also work there.

NL
De groene Cubex kasten, een ontwerp uit 1930 van de Belgische architect Louis-Herman De Koninck, kreeg Joke van een familielid. Geert betegelde de wanden rondom. HIERNAAST Aan het keukeneiland wordt er niet alleen gegeten, maar ook gewerkt.

FR
Joke a reçu de sa famille ces armoires vertes Cubex, créées en 1930 par l'architecte belge Louis-Herman De Koninck. Geert en a carrelé le contour. CI-CONTRE Un bar où l'on mange et où l'on travaille.

"Did we have a plan? Yes, but over the years it has changed a hundred times over!"

NL Geert Prinsmel is decorbouwer, Joke Vanden Abeele rekwisiteur. Twee jobs in de filmwereld waar je oog voor detail én geduld voor nodig hebt. Die twee eigenschappen kwamen hen goed van pas bij de renovatie van hun huis, een voormalige industriële wasserij uit 1904 in de Antwerpse rand. "Het stond al snel vast dat we zelf op de benedenverdieping wilden wonen en de drie etages erboven als appartementen zouden verhuren", vertelt Joke. "Maar bij dit soort projecten werk je nu eenmaal van boven naar onder. Intussen woonden we hier echter al en dus was het telkens een beetje kamperen en improviseren. We kregen weliswaar hulp van een bevriende architect, maar hebben toch heel veel zelf gedaan." 231

Twee jaar geleden, toen Joke hoogzwanger was van dochter Dot, trokken ze op de benedenverdieping in. "Voorlopig wonen we in onze keuken met aansluitende zitruimte aan de straatkant", aldus Joke. "We hebben de gevel opengewerkt en er een groot raam aangebracht zodat de lichtinval nu veel beter is. En toen we een loos plafond verwijderden, bleek er voldoende ruimte te zijn voor een tussenverdieping, waarin we de slaapkamer en badkamer hebben ondergebracht. Op termijn is het de bedoeling dat het voormalige atelier achteraan dit gebouw verdwijnt en plaats maakt voor een tuin en dat wij verhuizen naar het achterhuis achteraan het perceel. Het deel waar we nu wonen, zal dan waarschijnlijk dienst doen als bureau of gastenverblijf." Hoewel hun woning nog altijd een project in volle ontwikkeling is, slaagden Geert en Joke er toch in van hun beperkte leefruimte een heel persoonlijke plek te maken. "Geert heeft echt oog voor architecturale details", aldus Joke. Hij heeft bijvoorbeeld alle deuren en ramen eigenhandig gelast. Zelf zit ik door mijn beroepsactiviteiten vaak op het internet te speuren naar tweedehandsmeubels en -accessoires.. Een specifieke stijl hebben we niet, het moet gewoon een beetje bij elkaar passen. Bovendien vind ik het leuk om het interieur geregeld te veranderen. Je ziet, het einde is nog niet in zicht..."

EN
The front façade with the original nameplate. OPPOSITE The playful 50s shelves bring even more colour into the kitchen.

NL
De voorgevel met origineel naambord. HIERNAAST De speelse fifties rekjes zorgen voor nog meer kleur in de keuken.

FR
La façade de l'ancienne blanchisserie, avec son enseigne d'origine. CI-CONTRE Les étagères ludiques assurent une dose de couleur en plus en cuisine.

EN
The bed was designed by the owners; the light blue wardrobe comes from a film set. Geert welded the steel and glass wall structure himself. The inside doors are a perfect fit in all senses of the word.

NL
Het bed is een ontwerp van de bewoners. Het lichtblauwe kastje komt van een filmset. Geert laste de wand van staal en (structuur)glas eigenhandig. De binnendeuren sluiten er visueel perfect bij aan.

FR
Le lit est une création des habitants, le meuble bleu et blanc a été récupéré d'un décor de film. Geert a soudé lui-même les verrières en acier et verre structuré, ainsi que la porte assortie.

EN
The bathroom is behind the bedroom. Joke and Geert designed the shower. The white tiles are the same as the tiles in the kitchen, but they have been turned on their side. OPPOSITE The walls and ceiling in the hallway are fitted with multiplex.

NL
De badkamer ligt achter de slaapkamer. De douchecabine is een ontwerp van Joke en Geert. De witte tegeltjes verwijzen naar die van de keuken, maar werden hier horizontaal aangebracht. HIERNAAST In de gang zijn de muren en het plafond bekleed met multiplex.

FR
La salle de bains derrière la chambre. La douche est une création de Joke et Geert. Les carreaux blancs sont les mêmes qu'en cuisine mais posés ici de façon horizontale. CI-CONTRE Le couloir avec murs et plafonds en multiplex.

FR Geert Prinsmel et Joke Vanden Abeel travaillent tous deux dans le cinéma. Lui fabrique des décors et elle est accessoiriste, deux métiers qui demandent patience et sens du détail, deux qualités qui, précisément, leur ont été bien utiles pour rénover cette ancienne laverie industrielle érigée en 1904 dans les faubourgs d'Anvers. "Nous avons assez vite décidé d'occuper le rez-de-chaussée et de mettre en location les appartements situés aux étages", explique Joke. "Théoriquement, ce genre de projet s'entreprend étape par étape, du haut vers le bas de la maison. Mais nous avons emménagé plus vite que prévu et il a donc fallu un peu camper et improviser. Un ami architecte nous a un peu aidés dans le processus, mais nous avons fait l'essentiel nous-mêmes."

Il y a deux ans, peu avant que Joke donne naissance à leur fille Dot, le couple s'est enfin installé en bas. "Pour l'instant, nous ne vivons pratiquement que dans la cuisine et son coin salon, situé côté rue", ajoute Joke. "Nous avons ouvert la façade avant pour élargir les fenêtres et bénéficier d'une plus belle lumière. En abattant les faux plafonds, nous avons constaté qu'il y avait assez de place pour aménager une chambre et une salle de bains en mezzanine. A terme, nous aimerions abattre l'atelier situé à l'arrière afin de créer un jardin et de nous installer dans l'arrière-maison. La partie où nous vivons à présent deviendrait alors un bureau ou une suite pour les invités." Que leur maison soit ainsi encore un projet en plein développement n'a pas empêché Geert et Joke de donner un caractère très personnel à leur petit espace de vie. "Geert a l'œil pour les détails architecturaux", précise sa compagne. "Il a soudé lui-même toutes les portes et fenêtres. Quant à moi, mon métier me mène très souvent à devoir dénicher meubles et accessoires de seconde main sur Internet. Nous n'avons pas de style de prédilection, nous essayons simplement que tout s'accorde un peu. J'aime aussi qu'un intérieur change régulièrement. Comme vous le voyez, on n'a pas encore fini..."

"What I miss in one city,
I find in the other"

Welcome to...
the **Amsterdam** (and Berlin and Paris) of interior architect **Paul Linse**

EN Dutch interior architect **Paul Linse** and his team design hotels, restaurants, airports and railway stations under the motto "Noble Simplicity". He is constantly travelling wherever his projects lead him. Why does he need three houses?

“Amsterdam-Noord is changing rapidly from reviled to desired, which also attracts new hotels and catering outlets”

EN "I come from a travel-loving family and I am always on the road myself, so I feel at home everywhere and nowhere. Amsterdam is my main base and it's also where I have my studio, but I also have apartments in Berlin and Paris. What I miss in one city, I find in the other. You could compare it to a villa that consists of three different parts; I need each different setting to feel good. But Amsterdam remains my home; I have lived here the longest. I am from Utrecht and after graduating from the Design Academy Eindhoven I went straight to Amsterdam. At the time this was considered to be absolutely the place to be and so I settled there too."

Where do you live in Amsterdam?
"I have always lived in the centre, but a few years ago I moved home to Amsterdam-Noord, across the IJ. Locals have moved out of the centre in recent years because it is no longer livable there because of tourism. As a result, there is a huge housing shortage and buildings are going up everywhere. I needed somewhere green and bigger and didn't want to be stuck in traffic every day. I now live in the not hip & happening part of Amsterdam-Noord. My house is in a cul-de-sac that leads to a park. I take the bike every day and get to work in Amsterdam East in twenty minutes. I only go to the centre to go to the gym."

And in Berlin?
"I bought an apartment there eight years ago, in Schöneberg in the former West Berlin, a real melting pot of nationalities. Back then the neighbourhood was still affordable, but now it has become really trend and prices have gone up a lot."

You seem to have a nose for trendy places. In Paris you have an apartment in the Marais.
"I always choose very intuitively. 15 years ago the Marais was not yet the busy neighbourhood it is today. However, I'm not in the centre of the Marais, but in the old quiet part, wonderfully quiet."

What do you miss in the places you live?
"Without falling into clichés: in Amsterdam I miss the cosmopolitan flair of Paris and Berlin. In Berlin I miss the sophistication and elegant beauty of Paris. And in Paris I miss the freedom and creativity of Berlin. But I have the closest bond with Amsterdam, because my family and friends live here."

Is this Wanderlust also reflected in your interiors?
"Everyone is very busy thinking locally and I try to take that into account, but I love creating things that are open and boundless."

The favourite addresses of Paul Linse

• **Paris:** The rue des Gravilliers in the Haut Marais because it is becoming increasingly interesting: **Wild and the Moon** for its fantastic juices and vegan salads, **café Ineko** for the best home-made patisserie, and the more chic **Terra**, my neighbours, for their wonderful service and matching menu.
• **Berlin:** Akazienstrasse in Schöneberg because it is an undiscovered neighbourhood street: **DoubleEye**, because if you believe the experts, it is the best coffee bar in town (if you have the patience to stand in line for a long time) and around the corner, **Mana** for its delicious vegan food and drink. In Goltzstrasse, an extension of Akazienstrasse: **Meyan**, because you can eat fantastic Turkish/Mediterranean food with lots of vegetarian choices.
• **Amsterdam-Noord: FC Hyena**, because you can not only go to the cinema there but also eat and drink at an unexpectedly high gastronomic level and enjoy beautiful views of the IJ. **Coba Taquerina** in Schaafstraat for the best Mexican food. The old post office **Café Modern**, in Meidoornweg, one of the first new places in this upcoming city district, because of the fabulous small menu and the short list of natural wines.

NL Nederlands interieurarchitect **Paul Linse** en zijn team richten hotels, restaurants, luchthavens en treinstations in onder het motto 'Noble Simplicity'. Hij is altijd onderweg, daar waar zijn projecten hem naartoe leiden. Hoezo heeft hij dan drie huizen nodig?

"Ik kom uit een reislustige familie en ben zelf ook altijd onderweg, dus ik voel me overal en nergens thuis. Amsterdam is mijn hoofdbasis, hier heb ik ook mijn studio, maar ik heb ook een appartement in Berlijn en Parijs. Wat ik in de ene stad mis, vind ik in de andere. Vergelijk het met een villa die uit drie verschillende delen bestaat; ik heb die verschillende settings nodig om me goed te voelen. Maar Amsterdam blijft mijn heimat, hier woon ik ook al het langst. Ik kom uit Utrecht en ben na mijn studies aan de Academie van Eindhoven onmiddellijk naar Amsterdam getrokken. Er heerste toen zo'n gevoel van 'daar moet je zijn' en dus heb ik me daar ook gevestigd."

Waar woon je in Amsterdam?
"Ik heb altijd in het centrum gewoond, maar sinds een paar jaar heb ik een woning in Amsterdam-Noord, aan de overkant van het Ij. Locals trekken de laatste jaren uit het centrum omdat het niet meer leefbaar is, vanwege het toerisme. Er is daardoor een enorme woningnood en dus wordt er overal gebouwd. Ik had vooral behoefte aan groen en groter en wilde niet elke dag in de file staan. Ik woon nu in het net niet hip en happening deel van Amsterdam-Noord. Mijn huis ligt in een doodlopende straat die op een park uitkomt. Ik neem elke dag de fiets en sta in twintig minuten op mijn werk in Amsterdam-Oost. Ik kom alleen nog maar in het centrum om naar de fitness te gaan..."

En in Berlijn?
"Daar heb ik acht jaar geleden een appartement gekocht in Schöneberg, in het voormalige West-Berlijn, een echte meltingpot van nationaliteiten. Toen was de wijk nog betaalbaar, maar nu is het een hype geworden en zijn de prijzen heel erg omhooggegaan..."

Je lijkt wel een neus te hebben voor places to be. In Parijs heb je een appartement in de hippe Marais.
"Ik kies altijd heel intuïtief. Vijftien jaar geleden was het nog niet de drukke wijk die het nu is. Alleen zit ik niet in het centrum van de Marais, maar in het oude rustige gedeelte, heerlijk rustig."

Wat mis je waar?
"Zonder in clichés te vervallen: in Amsterdam mis ik het kosmopolitische van Parijs en Berlijn. In Berlijn mis ik het mondaine en de verfijnde schoonheid van Parijs. En in Parijs mis ik de vrijheid en de creativiteit van Berlijn. Maar met Amsterdam heb ik de hechtste band, omdat mijn familie en vrienden er wonen."

Reflecteert die Wanderlust zich ook in je interieurs?
"Iedereen is heel erg bezig met lokaal te denken en ik probeer daar ook rekening mee te houden, maar ik vind het vooral heel fijn iets neer te zetten dat open en grenzeloos oogt."

De adressen van Paul Linse

• **Parijs:** De rue des Gravilliers in de Haut Marais omdat die steeds interessanter wordt: **Wild and the Moon** voor de fantastische juices en vegan salades, **café Ineko** voor de beste homemade patisserie, en het chiquere **Terra**, mijn buren, voor hun geweldige bediening en matching menu.
• **Berlijn:** De Akazienstrasse in Schöneberg omdat het een nog onontdekte buurtstraat is: **DoubleEye**, omdat het, als je de deskundigen moet geloven, de beste koffiebar van de stad is (als je het geduld hebt lang in de rij te staan) en, om de hoek, **Mana** vanwege het heerlijke vegan eten en drinken. In de Goltzstrasse, het verlengde van de Akazienstrasse: **Meyan**, omdat je er fantastisch turks/mediterraans kunt eten met genoeg vegetarische keuzes.
• **Amsterdam-Noord: FC Hyena**, omdat je er niet alleen naar de bioscoop kunt maar ook op onverwacht culinair niveau kunt eten en drinken én een prachtig uitzicht op het Ij hebt. **Coba Taquerina** in de Schaafstraat voor het beste Mexicaanse eten. Het oude postkantoor **Café Modern**, in de Meidoornweg, een van de eerste nieuwe plekken in dit opkomende stadsdeel, vanwege de mooie kleine kaart en idem natuurwijnen.

FR Avec son équipe, l'architecte d'intérieur **Paul Linse** décore et aménage des hôtels, des restaurants, des aéroports et des gares avec pour devise "Noble simplicité". Ses projets le mènent à être toujours en mouvement. Comment ça, il a besoin de trois maisons ?

"Je suis né dans une famille de voyageurs et je suis moi-même sans cesse sur les routes. Je me sens à la maison à la fois partout et nulle part. Amsterdam est ma base principale, et c'est aussi ici que se situe mon agence. Mais j'ai également un appartement à Berlin et un autre à Paris. Ce qui me manque dans une ville, je le trouve dans l'autre. Vous pourriez comparer cela à un villa composée de trois ailes très différentes ; j'ai besoin de ces trois configurations pour me sentir bien. Amsterdam n'en demeure pas moins mon foyer et c'est ici que je vis depuis le plus longtemps. Je viens d'Utrecht et, après mes études à l'Académie d'Eindhoven, je suis venu directement à Amsterdam, où planait alors cette sensation que c'est là qu'il faut être. Je m'y suis installé."

Où vivez-vous à Amsterdam ?
"J'ai toujours vécu au centre ville mais j'ai bougé depuis quelques années vers un appartement d'Amsterdam-Noord, sur l'autre rive de l'Ij. Ces dernières années, pas mal de gens ont quitté le centre, qui pour beaucoup est devenu invivable à cause du tourisme. Le demande immobilière, dès lors, est énorme, et l'on construit partout. Pour ma part, j'avais envie de verdure et de plus d'espace, sans avoir à me retrouver tous les jours dans les embouteillages. Je vis dans une partie d'Amsterdam-Noord qui n'est justement pas la plus courue et la plus animée. C'est une rue sans issue qui donne sur un parc. J'enfourche tous les jours mon vélo et ne suis qu'à vingt minutes de mon agence à l'est de la ville. Je ne vais plus au centre que pour aller au fitness."

Et à Berlin ?
"Voilà huit ans que j'ai acheté un appartement à Schöneberg, dans l'ancien Berlin Ouest. Ce quartier est un vrai melting-pot de nationalités. A l'époque, il était encore abordable mais il est devenu tellement hype que les prix se sont envolés."

Vous avez le nez pour les lieux en vue. A Paris, vous vivez au Marais...
"Mes choix sont toujours très intuitifs. Il y a quinze ans, le Marais n'était pas encore ce qu'il est devenu. En outre, je ne vis pas au centre du Marais, mais dans une partie ancienne et très calme."

Qu'est-ce qui peut vous manquer dans un lieu ou dans l'autre ?
"Sans tomber dans les cliché, à Amsterdam il me manque l'esprit cosmopolite de Paris et Berlin. A Berlin, c'est l'ambiance mondaine et la beauté raffinée de Paris. A Paris, c'est la liberté et la créativité de Berlin. Mon lien avec Amsterdam est cependant le plus fort, parce que ma famille et mes amis y vivent."

Retrouve-t-on cette âme globe-trotteuse dans vos intérieurs ?
"Tout le monde essaie désormais de penser local et je tente d'en tenir compte, mais j'essaie avant tout de mettre en place des choses qui semblent ouvertes et sans frontières."

Les adresses de Paul Linse dans "ses" quartiers

• **Paris:** La rue des Gravilliers, dans le Haut Marais, est toujours plus intéressante. **Wild and the Moon**, pour ses jus fantastiques et salades véganes ; le **café Ineko**, pour les meilleures pâtisseries maison ; plus chic, mes voisins de **Terra**, pour le service fabuleux et le menu assorti.
• **Berlin:** La Akazienstrasse à Schöneberg, car elle demeure un peu méconnue. **DoubleEye**, si l'on en croit les experts, est le meilleur coffee bar de la ville (si vous avez la patience de faire la file. Au coin, **Mana** pour sa délicieuse cuisine végane et ses boissons. Goltzstrasse, dans le prolongement de l'Akazienstrase, je citerai **Meyan**, pour ses plats turcs et méditerranéens, avec de nombreuses options végétariennes.
• **Amsterdam-Noord:** Le **FC Hyena**, non seulement pour son cinéma, mais aussi pour ses boissons et sa nourriture d'une qualité inattendue avec vue sur l'Ij. Chez **Coba Taquerina**, dans la Schaafstraat, vous trouverez la meilleure cuisine mexicaine. Le **Café Modern**, dans l'ancien bureau de poste de la Meidoornweg, fut l'un des premiers "nouveaux endroits" du quartier. Il propose une belle carte et de très bons vins naturels.

ULTRAVIOLENCE

Room with a view

| PARIS |

EN It was just a square shell. And on top of that, it had no roof, because the conversion was in full swing. But Laura climbed onto a couple of wooden boxes and fell in love with the view. "For two years, I had been hunting for houses in the area, but there was always something not quite right: too small, too expensive, too dark, too old... But with this loft, I felt there was something I could finally turn into something beautiful. Laura Gauthier Petit, the driving force behind the young fashion label Fête Impériale, lives with her family in the Marais, in the heart of Paris, a few streets away from her husband's restaurant, her son's school and her own fashion studio. The loft is in an old factory building in what used to be the Chinese area of the City of Light, which had many clothing workshops.

The big empty room that she bought was the ideal setting for Laura's ambitious design plans. Nearly everything here was specially designed and set up for the loft, from the floor plan to the kitchen and the customised furniture. She called in the help of architect Olivier Gay, who she worked with to define the style and decoration. Laura and Olivier combined authentic, industrial features like the concrete elements and wooden beams, with mosaic tiles, striking carpets, panoramic wallpaper, flower-pattern curtains, marble and wood and a lot of vintage furniture. "In this loft, you should be able to be who you are and do what you want', says Laura. This notion of freedom in thinking and doing, can be seen in both her life and work. "For me, the most important thing is always creating a safe space, where you can recover from the stress of the day." To create her cosy nest, Laura primarily used soft fabrics and a clever mix of colours and materials as a contrast to the hard, industrial background of the space. This concept of hidden roughness is present in all her work, in both her own loft and her clothing. The result is an eclectic industrial interior where everything is possible.

EN
Flower-pattern curtains, a modern pink armchair, brown club chair, and a vintage standing lamp: the unique mixture of furniture and decoration in the living room are the perfect reflection of Laura's personality.

NL
Gordijnen met bloemetjesstof, een hedendaagse roze fauteuil, een bruine clubfauteuil en een vintage staanlamp: de eigenzinnige mix van meubels en decoratie in de leefruimte typeert Laura Gauthier Petit helemaal.

FR
Rideaux à fleurs, un fauteuil rose contemporain, un fauteuil club rétro ou encore une lampe vintage : le cocktail de meubles très particulier du salon donne le ton du loft de la styliste Laura Gauthier Petit.

EN
The other corner of the living room. The industrial character of the loft remains visible, but Laura combines it with soft fabrics, colourful cushions and dark parquet flooring. From the living room you can see into the kitchen through the indoor window.

NL
De andere hoek van de leefruimte. Het industriële karakter van de loft werd zichtbaar gehouden, maar Laura combineert het met zachte stoffen, kleurige kussens en donker parket. Vanuit de leefruimte kijk je binnen in de keuken via het binnenraam.

FR
Vue sur l'autre bout du salon. Laura a conservé le caractère industriel de son loft mais l'a combiné avec des textiles doux, des coussins colorés et un plancher foncé. Une verrière sépare salon et cuisine.

EN
The hall in Laura's apartment, with a teak floor and a wall with wooden slats, lead to the kitchen. A glimpse of the dining room behind the kitchen. OPPOSITE The kitchen is a combination of walnut, Carrara marble and blue stone.

NL
De hal van Laura's appartement, met vloer van teakhout en wand van houten latjes, leidt naar de keuken. Glimp van de eethoek achter de keuken. HIERNAAST De keuken is een combinatie van notenhout, carraramarmer en blauwe steen.

FR
Dans le couloir au plancher de teck, un mur a été couvert de lattes en bois. Vue sur le coin à manger à côté de la cuisine. CI-CONTRE La cuisine combine noyer, marbre de Carrare et pierre bleue.

NL Meer dan een rechthoekige ruimte was het niet. Een onderkomen gebouw zonder dak erop dan nog, want de verbouwing was nog volop aan de gang. Maar Laura klom op een paar houten kratten en werd verliefd op het prachtige vergezicht. "Twee jaar lang was ik in deze buurt op huizenjacht geweest, maar er scheelde altijd wel iets aan: te klein, te duur, te donker, te oud... Bij deze loftruimte voelde ik eindelijk dat ik er iets moois van zou kunnen maken." Laura Gauthier Petit, de drijvende kracht achter het jonge modelabel Fête Impériale, woont met haar gezin in de Marais, in hartje Parijs, op een paar straten van het restaurant van haar man, de school van haar zoon en haar eigen modeatelier. De loft bevindt zich in een oud fabriekspand in de vroegere Chinese wijk van de lichtstad, die veel confectie-ateliers telde.

De grote lege ruimte die ze kocht, was de ideale setting voor Laura's ambitieuze stylingplannen. Bijna alles wat er staat, werd speciaal ontworpen en uitgetekend voor de loft, van het grondplan tot de keuken en de op maat gemaakte meubels. Daarvoor liet ze zich bijstaan door architect Olivier Gay, met wie ze samen de stijl en aankleding bepaalde. Laura en Olivier combineerden authentieke, industriële elementen, zoals betonelementen en houten balken, met mozaïektegels, opvallende tapijten, panoramisch behang, bloemengordijnen, marmer en hout en veel vintage meubilair. "In deze loft moet je kunnen zijn wie je bent en doen wat je wilt", aldus Laura. Die notie van vrijheid in denken en doen loopt als een rode draad doorheen haar leven en werk. "Voor mij draait het altijd om het maken van een veilige plek, waar je kunt bekomen van de stress van alledag." Om zo'n warm nest te creëren, gebruikte Laura vooral zachte stoffen en een uitgekiende mix van kleuren en materialen als tegenhanger voor de harde, industriële achtergrond van de ruimte. Dat idee van verborgen ruwheid is aanwezig in al haar werk, of het nu om haar eigen loft of haar kleding gaat. Resultaat is een ecletisch industrieel interieur waar alles lijkt te kunnen en te mogen.

EN
Laura at the kitchen table. OPPOSITE The handmade, panoramic wallpaper that Laura found at Zuber, a Parisian company that has been selling wallpaper, fabric and leather goods since 1797. The white peacock is one of her favourite pieces in this house.

NL
Laura aan de keukentafel. HIERNAAST Het handgemaakte, panoramische behangpapier vond Laura bij Zuber, een Parijse zaak die al sinds 1797 behang, stoffen en lederwaren verkoopt. De witte pauw is een van haar favoriete stukken in huis.

FR
Laura dans sa cuisine. CI-CONTRE Laura a acheté ce papier peint paysager panoramique fait main chez Zuber, une maison parisienne fondée en 1797 également spécialisée en tissus et maroquinerie. Le paon blanc est un des objets préférés de Laura.

EN
For the bathroom, together with architect Olivier Gay, Laura opted for a spacious bathtub on feet and a mosaic with an enlarged toile de Jouy pattern.

NL
Voor de badkamer koos Laura samen met architect Olivier Gay voor een ruim ligbad op pootjes en een mozaïek met uitvergroot toile de Jouy-motief.

FR
Laura et son architecte Olivier Gay ont paré la salle de bains d'une baignoire sur pied et d'une mosaïque en forme de toile de Jouy géante.

Banksy
HENRY MOORE

Big surprise

| THE HAGUE |

NL When Marjet first saw the town house in The Hague with its high ceilings, smooth stucco walls and marble entrance, it was being used by an art dealer. "There was so much to look at that I couldn't get my head around what I had seen", says Marjet. Whilst her head was still spinning, Hans's was full of getting rid of the false walls and ceilings. However, they both agreed on one thing: they had found their house. Because the 1874 canal house is a listed building, both inside and outside, they first had to get all of the permits from the monument conservation association. However, you won't hear Marjet complain about the bureaucratic hassle. As a history graduate she is exceptionally curious about the history of the monument that she restored to its former glory over a period of nine months.

The couple didn't change much to the layout of the building; they only removed two walls. Marjet's office is on the ground floor where there is also a dining room and a kitchen. The first floor has a light living room that spills over into the music room, the favourite spot of Hans who loves opera. In the evening they head up to the second floor where there is a bedroom, dressing room and library. The top floor is set up as a guest room. The magnificent rooms also called for a striking look. Marjet and Hans boldly placed Dutch Design, vintage, antique and design classics against a distinct colour palette. Which is why the immense living room is a delicate pale pink colour. The contrast couldn't be greater between the raven black of the staircase and the ground floor: "It was a surprise from Hans when we got back from our honeymoon." There is art all over the place, even in the bathroom. "It feels special to own a beautiful property", adds Hans, "but I feel this even more strongly when I am in our garden; an oasis of peace in The Hague."

EN
In the marble entrance hall of the art collectors Marjet and Hans there are two pieces by Marlene Dumas hanging on the wall with a Maria Roosen installation underneath.

NL
In de marmeren entree van kunstverzamelaars Marjet en Hans hangen twee werken van Marlene Dumas, met daaronder een installatie van Maria Roosen.

FR
Dans l'entrée en marbre de la maison des collectionneurs d'art Marjet et Hans, deux œuvres de Marlene Dumas. En-dessous, une installation de Maria Roosen.

EN

In the living room on the first floor our eyes are not only drawn to the triptych by William Monk and the sculptures by Johan Tahon, but also to the richly decorated ceiling that is quite eye-catching. OPPOSITE In the music room Hans listens to his favourite operas in a 'Lounge Chair' by Charles & Ray Eames. Paintings by Volker Hüller.

NL

Niet alleen het drieluik van William Monk en de sculpturen van Johan Tahon zijn eyecatchers in de leefruimte op de eerste verdieping. Ook het rijkgedecoreerde plafond mag gezien worden. HIERNAAST In de muziekkamer beluistert Hans zijn favoriet opera's in de 'Lounge Chair' van Charles & Ray Eames. Schilderij van Volker Hüller.

FR

Dans le vaste salon au premier étage, on peut admirer aussi bien le triptyque de William Monk et les sculptures Johan Tahon que les plafonds opulents. CI-CONTRE La salle de musique où Hans écoute ses opéras favoris. 'Lounge Chair' de Charles et Ray Eames. Peinture de Volker Hüller.

EN
The pink sitting room with Italian design furniture. The colour gives it a real homely feeling. Work by Armando on the right hand wall. OPPOSITE The kitchen on the ground floor is completely black, which draws attention to photographic work by Scheltens & Abbenes.

NL
De roze zitkamer met Italiaans designmeubilair. De kleur zorgt ervoor dat de enorme ruimte huiselijk aanvoelt. Werk van Armando tegen de rechtermuur. HIERNAAST De keuken op de begane grond is helemaal zwart, waardoor de aandacht naar het fotowerk van Scheltens & Abbenes gaat.

FR
Le salon rose, avec son mobilier italien. La couleur offre un côté chaleureux à ce vaste espace. Sur le mur de droite, une œuvre d'Armando. CI-CONTRE La cuisine au rez-de-chaussée est entièrement peinte en noir, ce qui dirige toute l'attention sur la photo de Scheltens & Abbenes.

Objects, installations, photos, drawings and paintings are only allowed in if Marjet and Hans both agree.

NL Bij Marjets eerste kennismaking was het Haagse herenhuis met zijn metershoge plafonds, indrukwekkend stucwerk en marmeren entree door een kunsthandelaar in gebruik genomen. "Er kwam zoveel op me af, dat ik na afloop bijna niet kon bevatten wat ik allemaal had gezien", aldus Marjet. Terwijl haar hoofd nog tolde, liet Hans in gedachte de voorzetwanden en verlaagde plafonds al slopen. Over één ding waren ze het eens: ze hadden hun huis gevonden. Omdat het grachtenpand uit 1874 zowel van binnen als van buiten een rijksmonument is, betekende dat wel dat alle ingrepen eerst de goedkeuring van Monumentenzorg moesten krijgen. Over de bureaucratische rompslomp hoor je Marjet niet klagen. Als afgestudeerd historica is ze juist buitengewoon nieuwsgierig naar de geschiedenis van het monument, dat het koppel in een negen maanden durende verbouwing in oude luister herstelde.

Aan de indeling veranderden ze weinig; er werden slechts twee wanden neergehaald. Op de begane grond heeft Marjet haar kantoor en bevinden zich onder meer de eetkamer en keuken. De eerste etage is een lichte leefruimte die overloopt in de muziekkamer. 's Avonds geniet het koppel van de tweede verdieping waar de slaapkamer, dressing en huisbibliotheek zijn ondergebracht. De bovenste verdieping is ingericht als gastenverblijf. De royale vertrekken vragen ook om een opvallende inrichting. Met veel lef plaatsten Marjet en Hans kunst, Dutch Design, vintage, antiek en designklassiekers tegen een uitgesproken kleurenpalet. Zo heeft de immense woonkamer een frêle bleekroze tint. Het contrast kon niet groter zijn met het ravenzwart van het trappenhuis en de begane grond: "Een verrassing van Hans, na terugkomst van onze huwelijksreis." Kunst is alomtegenwoordig, ook in de badkamer. "Het voelt speciaal om een prachtig pand te bezitten", aldus Hans, "maar dat gevoel ervaar ik misschien nog wel sterker in onze tuin; een oase van rust in Den Haag."

EN
The dining room is fitted with Dutch Design, which includes a Piet Hein Eek table and chairs by Ineke Hans and Peter Traag.

NL
De eetkamer is ingericht met Dutch Design, waaronder een tafel van Piet Hein Eek en stoelen van Ineke Hans en Peter Traag.

FR
Le Dutch Design règne en maître dans la salle à manger : table de Piet Hein Eek et chaises de Ineke Hans et Peter Traag.

EN
The black walls in the bedroom continue in the staircase. 'La Chaise' by Charles and Ray Eames is given a prominent place in the room. OPPOSITE In the minimalist bathroom, there is a free-standing bath by Philippe Starck; next to it there is a chair by the Dutch designer Maarten Baas.

NL
De zwarte muren van de slaapkamer lopen verder in het trappenhuis. 'La Chaise' van Charles en Ray Eames krijgt een prominente plaats in de ruimte. HIERNAAST In de sobere badkamer staat een vrijstaand bad van Philippe Starck; ernaast een zwarte stoel van de Nederlandse ontwerper Maarten Baas.

FR
Le noir des murs de la chambre se prolonge dans les escaliers. 'La Chaise' de Charles et Ray Eames trône dans la pièce. CI-CONTRE Dans la sobre salle de bains, baignoire îlot de Philippe Starck et chaise noire de Maarten Baas.

EN
The library with the 'Sinus Lounge Chair' by Adolf-Schröpfer. The monumental black staircase is the ideal background for works of art. OPPOSITE The long, narrow pond emphasizes the length of the garden, designed by Robert Broekema.

NL
De huisbibliotheek met 'Sinus Lounge Chair' van Adolf-Schröpfer. Het monumentale, zwart geverfde trappenhuis vormt de ideale achtergrond voor kunstwerken. HIERNAAST De langgerekte vijver werd ontworpen door Robert Broekema en benadrukt de diepte van de tuin.

FR
La bibliothèque avec sa 'Sinus Lounge Chair' d'Adolf & Schröpfer. La cage d'escalier noire et monumentale offre un écrin parfait aux œuvres d'art. CI-CONTRE L'étang tout en longueur créé par Robert Broekema souligne la profondeur du jardin.

FR C'est accompagnée d'un marchand d'art que Marjet a visité pour la première fois cette maison de maître haguenoise à la belle entrée de marbre et aux moulures et plafonds impressionnants. "Il venait sans cesse me parler", se souvient-elle, "si bien qu'en sortant, je ne comprenais rien à ce que j'avais vu." Alors que sa compagne avait le tournis, Hans, lui, s'était amusé à détruire en pensées les cloisons et faux plafonds qui gâchaient l'espace. L'un et l'autre savaient toutefois qu'ils avaient trouvé là leur nouveau chez-eux. Bâtie en 1874 au bord d'un canal, la maison était classée, à l'extérieur comme à l'intérieur. Cela impliquait d'obtenir l'aval des services du patrimoine pour chaque intervention. Des complications administratives qui n'ont guère effrayé Marjet. Historienne de formation, elle était au contraire curieuse de l'histoire de ce "monument" auquel Hans et elle, au terme de neuf mois de travaux, ont rendu sa splendeur d'origine.

Hormis la mise à bas de deux murs, l'espace d'origine n'a que très peu changé. Au rez-de-chaussée se trouvent le bureau de Marjet ainsi que la cuisine et la salle à manger. Au premier étage, le salon lumineux se prolonge en salle de musique. La pièce préférée de Hans, grand amateur d'opéra. En soirée, le couple se retire dans sa suite avec dressing et bibliothèque. L'étage supérieur est réservé aux invités. Marjet et Hans ont mis beaucoup de soin à disposer dans la maison œuvres d'art, antiquités, vintage, classiques du design et pièces contemporaines de Dutch Design. Le tout dans un espace aux couleurs dûment choisies. L'immense salon baigne ainsi dans un rose pâle délicat qui contraste de manière franche avec le noir corbeau de la cage d'escalier et du rez-de-chaussée : "Une surprise de Hans à notre retour de lune de miel !" L'art est partout, y compris dans la salle de bains. "Posséder une telle maison procure une sensation vraiment particulière", conclut Hans. "Une sensation que j'éprouve peut-être davantage encore dans le jardin : nous habitons un vrai havre de paix en plein La Haye."

Double vision

NEW YORK

EN He worked as an architect on large-scale public projects but got very excited when he had to do the interior design for his own apartment and decided to design the furniture for it himself. This was the U-turn in Giancarlo Valle's professional life even though he prefers an O-turn, like a circle that does a full turn. "There have always been architects and designers who do not differentiate between designing buildings, interiors and furniture, like Frank Lloyd Wright. A few years ago, I also decided to take this route and to look for projects in which I could combine all these aspects." Starting with his own house, a 200 m2 apartment in an old cardboard factory in Brooklyn. The heavy machines that made the cardboard needed a stable and strong floor that was laid on-site and supported by massive pillars. For Valle, the challenge was to turn this extremely industrial loft into a comfortable, luxurious homely haven for him and his family.

Giancarlo Valle was born in Peru, but his parents are Italian. The two cultures that have been a part of him since his childhood are naturally present in his loft. Classics by Gio Ponti and Le Corbusier, just to name a couple, are juxtaposed with hand-sculpted tables in exotic wood. His furniture designs also bear traces of his bicultural background. "When I was young, my father used to bring furniture back from his trips to Africa, but there were also pieces from South America, Mexico and Peru of course. All handmade, almost primitive. They had a subconscious influence on my work, but more on the design than on the materials and the colours. What interests me when designing furniture is combining 'primitive' forms and patterns in modern variants using fabric upholstery for instance." One example is the back of the long bench in front of the windows of the living room to which he added a wavy pattern which also pops up in other parts of the apartment. "The wavy pattern is timeless, and you can find it both in the Inca culture and in contemporary graphic design." Valle describes, interprets and connects diverse cultures and style periods and that is the beauty of his work: everyone can identify with it - somewhere.

EN
Sitting area in the former factory space, with a customised sofa and Smile chair by Valle. The design feels both South American and art deco, but with the fabric upholstery and the oversized feet, the occupant adds a whole new meaning to it. Art by Jayson Musson.

NL
Zithoek in de voormalige fabrieksruimte, met een op maat gemaakte bank en de 'Smile chair' van de bewoner, Giancarlo Valle. De vorm voelt zowel Zuid-Amerikaans als art deco aan, maar door de stoffen bekleding en oversized poten geeft Valle er een nieuwe betekenis aan. Kunstwerk van Jayson Musson.

FR
Le salon de ce loft aménagé dans une ancienne fabrique. Avec ses pieds géants et son textile ligné, le fauteuil 'Smile chair', dessiné par le propriétaire, Giancarlo Valle, est une relecture croisée du style Art déco et de la culture sud-américaine. Canapé sur mesure. Œuvre de Jayson Musson.

EN
Giancarlo Valle combines European design, such as the grey armchairs by Gio Ponti, with Latin-American furniture. He integrates both cultures into his own designs, such as the long bench with the wavy back in red-coloured pine.

NL
Giancarlo Valle combineert Europees design, zoals de grijze fauteuils van Gio Ponti met Latijns-Amerikaanse meubels. In zijn eigen ontwerpen verwerkt hij beide invloeden, zoals de lange bank met golvende rug van rood gekleurd dennenhout.

FR
Giancarlo Valle combine mobilier sud-américain et design européen, tels ces fauteuils de gris de Gio Ponti. Cette double influence se retrouve dans son propre mobilier. Exemple : le long banc ondoyant en pin teinté rouge.

EN
Chandigarh chairs by Pierre Jeanneret go with the dining table designed by Valle and are guarded over by a lamp by an established Brooklyn design agency. Artwork by Cristopher Astley.

NL
Rond Valles eettafel van esdoorn staan 'Chandigarh' stoelen van Pierre Jeanneret. Erboven zweeft een lamp van een in Brooklyn gevestigd designbureau. Kunstwerk van Cristopher Astley.

FR
Les chaises 'Chandigarh' de Pierre Jeanneret entourent la table à manger en érable. La suspension est signée par d'autres designers de Brooklyn. Au mur, œuvre de Cristopher Astley.

NL Giancarlo Valle werkte als architect voor grote, publieke projecten, maar toen zijn appartement moest worden ingericht, voelde hij het kriebelen om zelf de meubels te ontwerpen. Dit was het moment waarop Valle een professionele U-bocht maakte, al heeft hij het liever over een O omdat hij het gevoel had dat zo de cirkel rond was."Er zijn altijd al architecten en designers geweest die geen onderscheid maakten tussen het ontwerpen van gebouwen, interieurs en meubels, zoals Frank Lloyd Wright. Een paar jaar geleden heb ik besloten om ook die richting uit te gaan en projecten te zoeken waarin ik al die aspecten kan bundelen." Te beginnen dus bij zijn eigen woning, een 200 m^2 groot appartement in Brooklyn dat in een oude kartonfabriek gevestigd is.. De zware machines om het karton te maken, vereisten een stabiele en stevige vloer die ter plaatse werd gegoten en door massieve kolommen gedragen. Voor Valle een uitdaging om de extreem industriële loft om te buigen naar een comfortabele, luxueuze thuishaven voor hem en zijn gezin.

Giancarlo Valle is geboren in Peru maar zijn ouders zijn Italiaans. De twee culturen die hij van kindsbeen af in zich draagt, zijn vanzelfsprekend aanwezig in zijn loft. Klassiekers van Gio Ponti en Le Corbusier, om maar twee namen te noemen, staan naast handgesneden tafeltjes van exotisch hout. Ook zijn eigen meubelontwerpen dragen sporen van zijn dubbele afkomst. "Toen ik jong was, bracht mijn vader houten meubels mee van zijn trips naar Afrika, maar in ons huis stonden ook stukken uit Zuid-Amerika, Mexico en Peru natuurlijk. Allemaal ambachtelijk gemaakt, bijna primitief. Onbewust hebben zij mijn werk beïnvloed, maar eerder in de vorm dan in de materialen en kleuren. Wat mij interesseert bij mijn meubelontwerpen is het combineren van 'primitieve' vormen en motieven met nieuwe uitvoeringen, zoals een stoffen bekleding." De rug van de meterslange bank voor de ramen van de leefruimte bijvoorbeeld gaf hij een golvend patroon dat ook op andere plaatsen in het appartement terugkeert. "Dat golfmotief is van alle tijden en vind je zowel in de Inca-cultuur als in hedendaags grafisch werk terug." Valle citeert, interpreteert en connecteert diverse culturen en stijlperiodes en dat is de sterkte van zijn werk: iedereen herkent er zich – ergens - in.

EN
Valle designed the wood and marble kitchen himself. The stools have the same wavy pattern as the bench in the living room. Above there are vintage lamps from the Netherlands.

NL
Valle ontwierp de keuken van hout en marmer zelf. De krukken vertonen hetzelfde golfmotief als de bank in de leefruimte. Erboven hangen vintage lampen uit Nederland.

FR
Giancarlo Valle a conçu la cuisine en marbre et bois. Les tabourets affichent le même dossier "ondulant" que le long banc du salon. Suspensions vintage néerlandaises.

"Furniture has its own personality and presence, just like people have. This is something you need to remember when furnishing a house."

EN
Office space in the living room with customised bookshelves, a desk by Pierre Jeanneret and an authentic butcher's block used here as a stool.

NL

Bureauhoek in de leefruimte met een op maat gemaakte boekenkast, een bureau van Pierre Jeanneret en een authentiek slagersblok, hier als kruk gebruikt.

FR
Le bureau du salon avec une bibliothèque sur mesure, un bureau de Pierre Jeanneret et un authentique billot utilisé comme tabouret.

EN
In one corner of the bedroom there is a sofa by the Bouroullec brothers that Valle combines with an armchair of his own design and a vintage lamp and side tables. OPPOSITE The canopy above the bed gives the rooms an airy feel. The portrait of their son is by Marilyn Minter.

NL
In een hoek van de slaapkamer staat een sofa van de broers Bouroullec, die Valle combineert met een zelf ontworpen fauteuil en vintage lamp en tafeltjes. HIERNAAST Het baldakijn boven het bed geeft de ruimte iets luchtigs. Het portret van hun zoon is van Marilyn Minter.

FR
Dans un coin de la chambre, un canapé des frères Bouroullec combiné avec un fauteuil de Giancarlo Valle et des lampes et tables vintage. CI-CONTRE Le baldaquin au-dessus du lit insuffle un côté aérien. Portrait du fils de la maison par Marilyn Minter.

FR Habitué à signer de grands projets publics, l'architecte Giancarlo Valle a senti une envie le démanger au moment d'aménager son propre appartement. Il voulait en créer les meubles. Le moment était également venu pour lui, non pas d'opérer un virage à 180° dans sa carrière, mais de "boucler la boucle" : "Il y a toujours eu des architectes et designers qui, tel Frank Lloyd Wright, ne faisaient pas de différences entre la création d'un bâtiment, d'un intérieur ou d'un meuble. Voici quelques années, j'ai décidé de me concentrer sur des projets où je pourrais conjuguer tous ces aspects." Son premier chantier fut donc son propre appartement : 200 m² perchés sur une ancienne fabrique de carton à Brooklyn. Du poids immense des machines qui devaient tourner ici autrefois découle le côté robuste et massif des sols et colonnes de béton qui structurent l'appartement. Le défi pour l'architecte était de plier ce caractère très industriel pour créer un havre familial luxueux et confortable.

Giancarlo Valle est né au Pérou de parents italiens. L'influence des deux cultures de son enfance est manifeste dans son loft. Ici, les classiques de Gio Ponti ou Le Corbusier notamment voisinent des tables en bois exotique taillées à la main. Ses propres meubles témoignent, eux aussi, de ces origines croisées... "Mon père ramenait chez nous des meubles achetés lors de voyages en Afrique. Nous avions aussi des meubles du Pérou ou du Mexique, tous artisanaux. Presque primitifs. Inconsciemment, cela a influencé mon travail, mais probablement plus dans la forme que dans les couleurs et le choix des matériaux. Quand je dessine un meuble, je tente ainsi de combiner des formes et des motifs 'primitifs' avec de nouvelles mises en œuvre, comme le revêtement textile." Le dossier ondulant du long banc posé près de la fenêtre trouve écho à maintes reprises dans l'appartement. "Ces motifs d'ondes sont éternels. On les trouve aussi bien dans la culture Inca que dans le graphisme contemporain." Valle cite, interprète et relie différentes cultures, différentes périodes et différents styles. C'est la force de son travail : tout le monde peut s'y reconnaître quelque part.

Second time lucky

| BRUSSELS |

EN When Marta and her husband fell in love with this house in Brussels, they had hugely underestimated how much work would be necessary to meet modern living standards. They had been satisfied with the first part of the renovation works on the top floor. "But it was a terrible experience, both in terms of the construction company and the architect. I became afraid that building works were always a terrible experience." Their new architect from the Auxau firm of architects found what was needed to guide this narrow Brussels house into the 21st century. On Marta's new wish list she still had to tick off: a kitchen with a view of the garden, a separate dining room and a granny flat on the same floor as the garden for Marta's mother. But often it is just a matter of adding the right details. The couple for instance thought that a whole extension would be necessary in order to end up with a pleasant living room, but it turned out that a couple of square meters was all that was needed.

One detail changed everything however: the new Hungarian point parquet, which turned the living room into one flowing entity including the kitchen. The refurbished basement was completely redesigned: now there is a cloakroom, a laundry room and a granny flat downstairs. It is Marta's mother's favourite place, she lives in the south of Italy but regularly comes to visit. During the renovations, Marta and her husband treated themselves to an en-suite bathroom in their new bedroom. For the interior design of their renovated house, the couple called on the services of an interior design office. It came up with an Italian-style interior with lots of marble, which fitted perfectly with the style of the Brussels town house, and included details like the meticulously finished decorative frames. This beautiful house is the result of an excellent collaboration between the architect and the specialists. And the terrible first experience was completely forgotten... just like that.

EN
In the dining room there is just a long table and chairs, which makes the room look much bigger. Photo on the wall by Geert Kollau.

NL
In de eetkamer van Marta en haar gezin staat enkel een lange tafel met stoelen, waardoor de ruimte veel groter lijkt. Foto aan de wand van Geert Kollau.

FR
N'accueillant qu'une table et des chaises, l'étroite salle à manger semble suffisamment grande. Au mur photo de Geert Kollau.

EN
The kitchen and the rest of the living room are where they were before the renovation works were carried out, but they were extended. The 'Aim' lamp by the Bouroullec brothers adds a playful touch.

NL
De keuken en de rest van de leefruimte bleven waar ze zich voor de renovatie bevonden, maar werden uitgebreid. Lamp 'Aim' van de Bouroullecs zorgt voor een speels accent.

FR
La cuisine et les autres fonctions du séjour n'ont pas changé de place mais quelques mètres carrés en plus et un autre agencement ont tout changé. Les suspensions 'Aim' des Bouroullec ajoutent une touche ludique.

EN
The kitchen with a breakfast table in Corian. The side elements are transparent so that the room looks bigger. OPPOSITE The living room overlooking the street.

NL
De keuken met ontbijttafel van Corian. Het onderstel is doorschijnend, waardoor de ruimte groter lijkt. HIERNAAST De woonkamer aan de straatkant.

FR
La cuisine avec sa table de petit-déjeuner en Corian. Les pieds transparents favorisent la sensation d'espace. CI-CONTRE Le salon, côté rue.

Marta's wish list was a kitchen with a view of the garden, a separate dining room and a granny flat on the same floor as the garden for her mother

NL Toen Marta en haar man verliefd werden op dit huis in Brussel, hadden ze schromelijk onderschat hoeveel werk er nodig zou zijn om het aan de moderne woonnormen te laten voldoen. Bij de eerste opknapbeurt hadden ze zich tevreden gesteld met de renovatie van de bovenste verdiepingen. "Maar dat was een vreselijke ervaring, zowel met de bouwfirma als met de architect", vertelt ze. "Ik was bang dat verbouwingen altijd zo rampzalig verlopen." Hun nieuwe architect van bureau Auxau zocht en vond wel de juiste ingrediënten om dit smalle Brusselse huis binnen te loodsen in de 21e eeuw. Op Marta's nieuw verlanglijstje stond dan ook veel: een keuken met uitzicht op de tuin, een aparte eethoek en een kangoeroe-appartement op tuinniveau voor Marta's moeder. Maar vaak is het een kwestie van de juiste details toe te voegen. Zo dacht het koppel dat er een hele aanbouw nodig was om een aangename leefruimte te krijgen, maar bleek dat een paar vierkante meter al volstond.

Een detail dat alles verandert, is het nieuwe parket in Hongaars punt, dat van de leefruimte een vloeiend geheel maakt, de keuken inbegrepen. De gerenoveerde kelderverdieping kreeg een volledig nieuwe invulling: nu zijn er de vestiaire, de wasplaats en een kangoeroe-appartement in ondergebracht, de favoriete stek van Marta's moeder, die in het zuiden van Italië woont, maar regelmatig komt logeren. Marta en haar man trakteerden zichzelf tijdens deze verbouwing ook op een nieuwe slaapkamer met een grote en suite badkamer. Voor de inrichting van hun vernieuwde woning ging het koppel aankloppen bij een interieurbureau. Die bedacht een inrichting in Italiaanse stijl, met veel marmer, wat bij de stijl van Brusselse herenhuizen past, en zin voor details, zoals de minutieus afgewerkte sierlijsten. Dit mooie huis is dan ook het resultaat van een goede samenwerking tussen de architect en de vaklui. En zo is die eerste slechte ervaring helemaal vergeten...

EN
One detail changes everything: the new parquet flooring, which turned the first floor into one continuous space.

NL
Een detail dat alles verandert, is het nieuwe parket, dat van de bel-etage een doorlopende ruimte maakt.

FR
Un détail qui change tout : le nouveau parquet qui transforme le bel-étage en un seul espace fluide.

FR Quand Marta et son mari sont tombés amoureux de cette maison, ils avaient totalement sous-estimé l'ampleur des travaux nécessaires pour la remettre au goût du jour. Aussi se sont-il contentés dans un premier temps de rénover les étages supérieurs. "Cette expérience, hélas, a été désastreuse, tant avec l'architecte qu'avec l'entrepreneur", raconte-t-elle. "J'avais peur de recommencer tant je croyais que les rénovations se passaient forcément mal." Heureusement, le couple rencontré le bureau Auxau, qui a su trouver la bonne formule pour faire entrer cette maison bruxelloise étroite dans le XXIe siècle. Les attentes de Marta incluaient pourtant de vrais défis, telle une cuisine avec vue sur le jardin, une salle à manger séparée et un appartement kangourou au rez-de-chaussée pour ses parents. Souvent, la solution réside non dans l'ampleur de l'intervention, mais dans sa précision. Marta et son mari croyaient ainsi qu'une nouvelle et grande annexe serait nécessaire pour disposer d'une pièce de vie spacieuse et agréable... Or quelques mètres carrés suffisaient.

Autre détail qui change tout, le nouveau parquet en point de Hongrie qui réunit cuisine, salle à manger et salon en un tout fluide et cohérent. Le niveau des caves a été entièrement remanié pour inclure désormais un vestiaire, une buanderie et l'appartement kangourou destiné à la mère de Marta, qui habite dans le sud de l'Italie mais leur rend régulièrement visite. Marta et son mari se sont aussi offert une toute nouvelle chambre, avec salle de bains en suite. Pour la déco, le couple s'est tourné vers une agence qui l'a aidé à imaginer ce décor à l'italienne avec notamment beaucoup de marbre (une option qui sied aussi au style des maisons bruxelloises) et une délicate mise en couleur des moulures. La maison exprime en outre une belle collaboration entre architecte et les différents corps de métier... de quoi faire totalement oublier les expériences négatives du passé.

EN
The master bedroom on the first floor, with the original decorative frames. The spacious bathroom with a rain shower. OPPOSITE The hallway with the original cement tiles.

NL
De masterbedroom op de eerste verdieping, met oorspronkelijke sierlijsten. De ruime badkamer met regendouche. HIERNAAST De gang met oorspronkelijke cementen vloertegels.

FR
La chambre parentale au premier étage avec ses moulures d'origine. La salle de bains en suite. CI-CONTRE Le couloir arbore encore ses carreaux en ciment d'origine.

Interiors

Milan Feast for the eyes © Fabrizio Cicconi/Living Inside - Text and production: Chiara dal Canto

Eindhoven Pure colour © Floor Knaapen - Production: Rob Jansen - Text: Roos Stalpers

Berlin A tribute © Greg Cox/ Bureaux/Livinginside - Production: Sven Alberding/ Bureaux - Text: Noreen Johnson/ Bureaux

Brussels Rough diamond © Kaatje Verschoren - Text: Jean-Michel Leclercq

Mexico City Warm concrete © Nin Solis/Livinginside - Text: Marzia Nicolin

Amsterdam New vision © Kaatje Verschoren - Production: Rob Jansen - Text: Erik Paul Jager

London Housework © Helenio Barbetta/Living Inside - Text: Marzia Nicolini

Hasselt Haven © Kaatje Verschoren - Text: Marie Delooz

New York In balance © Michael De Pasquale and Martina Maffini - Text: Marzia Nicolini

Haarlem Perfectly baked © Dennis Brandsma - Production: Rob Jansen - Text: Els Meyer

Paris Laboratory in the 'City of Light' © Greg Cox/ Bureaux - Production: Sven Alberding/ Bureaux - Text: Mandy Allen/ Bureaux

Brussels A la maniera di © Kaatje Verschoren - Text: Jean-Michel Leclercq

Milan View of the city © Marco Bertolini / Living Inside - Text: Marco Bertolini

Amsterdam Waterproof © Kaatje Verschoren - Production Rob Jansen - Text: Bartjan Bouman

Udine Resting point © Alessandra Ianniello/Living Inside - Text: Monica Baio

Antwerp Just like in the film © Kaatje Verschoren - Text: Jan De Vos

Paris Room with a view © Fabrizio Cicconi/Living Inside - Text: Francesca Davoli

The Hague Big surprise © Dennis Brandsma - Production: Rob Jansen - Text: Roos Stalpers

New York Double vision © Mike De Pasquale and Martina Maffini/Livinginside - Text: Kurt G. Stapelfeldt

Brussels Second time lucky © Laurent Brandajs - Productio: Sigrid De Ceuleneer - Text: Jean-Michel Leclercq

Interviews

Monica Mascheroni, © Monica Spezia - Text: Emmy Toonen

Alain Gilles, © Piet-Albert Goethals - Text: Emmy Toonen

James Shaw, © Oliver Hillyer Riley - Text: Emmy Toonen

Paul Linse, © David Dillen - Text: Emmy Toonen

City views

© Shutterstock

Cover/Backcover

© Fabrizio Cicconi/Living Inside

Colofon

This book is MARKED

MARKED is an initiative
by Lannoo Publishers.
www.markedbylannoo.com

JOIN THE MARKED COMMUNITY on @markedbylannoo

Or sign up for our MARKED newsletter with news about new and forthcoming publications on art, interior design, food & travel, photography and fashion as well as exclusive offers and MARKED events on www.markedbylannoo.com.

Authors: Mandy Allen - Monica Baio - Marco Bertolini - Bartjan Bouman - Chiara dal Canto - Francesca Davoli - Karin De Ridder - Jan De Vos - Erik Paul Jager - Noreen Johnson - Jean-Michel Leclercq - Els Meyer - Marzia Nicolin - Roos Stalpers - Kurt G. Stapelfeldt - Emmy Toonen

Editor: André Lafère

Photography: Helenio Barbetta/Living Inside - Marco Bertolini / Living Inside - Laurent Brandajs - Dennis Brandsma - Fabrizio Cicconi/Living Inside - Greg Cox/ Bureaux/Living Inside - Michael De Pasquale and Martina Maffini/Living Inside - David Dillen - Piet-Albert Goethals - Oliver Hillyer Riley - Alessandra Ianniello/Living Inside - Floor Knaapen - Nin Solis/Living Inside - Monica Spezia - Shutterstock - Kaatje Verschoren

Graphic design: André Lafère, Thijs Thuysbaert, Lauranne van Naemen

If you have any questions or comments about the material in this book, please do not hesitate to contact our editorial team: markedteam@lannoo.com.

Living in the City - ISBN 9789082183757 - NUR 454 - D/2019/9004/2
Living in the City - ISBN 9789082183764 - NUR 454 - D/2019/9004/3 - Feeling Wonen
Living in the City - ISBN 9789082183771 - NUR 454 - D/2019/9004/4 - Gael Maison
Living in the City - ISBN 9789082183788 - NUR 454 - D/2019/9004/5 - Eigen Huis & Interieur

#AREYOUMARKED

sanoma

© Uitgeverij Sanoma Regional Belgium NV/SA
Hendrik Consciencestraat 40-42, 2800 Mechelen (BE)
be.communication@sanoma.com